Appelés à conquérir

Trouver votre destin dans le royaume des cieux

Derek Prince

ISBN 978-1-78263-078-4

Originally published in English as 'Called to Conquer'.

Traduit avec permission de Derek Prince Ministries International USA, P.O. Box 19501, Charlotte, North Carolina 28219-9501, USA.

Traduit par Florence Boyer

Sauf autre indication, les citations bibliques de cette publication sont tirées de la traduction Louis Segond "Nouvelle Edition".

Publié par Derek Prince Ministries France, 2011.

Dépôt légal: 1e trimestre 2011.

Deuxième impression février 2013.

Couverture faite par Damien Baslé, www.damienbasle.com

Note de l'Editeur: Ce livre résulte d'une compilation d'archives d'enseignements non publiés de Derek Prince et est édité par l'équipe de Derek Prince Ministries.

Imprimé en France.

Pour tout renseignement:
DEREK PRINCE MINISTRIES FRANCE
9, Route d'Oupia, B.P.31, 34210 Olonzac FRANCE
tél. (33) 04 68 91 38 72 fax (33) 04 68 91 38 63
E-mail info@derekprince.fr * www.derekprince.fr

Table des matières

1

L'appel d'en haut

"Au bord de la mer de Galilée, il vit deux frères, Simon appelé Pierre, et André, son frère, qui jetaient un filet dans la mer; en effet, ils étaient pêcheurs. Il leur dit: suivez-moi et je vous ferai pêcheurs d'hommes. Aussitôt ils laissèrent les filets et le suivirent. En allant plus loin, il vit deux autres frères, Jacques… et Jean… dans une barque avec Zébédée… leur père, et qui réparaient leurs filets. Il les appela, et aussitôt ils laissèrent la barque et leur père, et le suivirent." Matthieu 4:18-22

Je trouve intéressant de voir que les quatre premiers hommes que Jésus a appelés soient des pêcheurs. En un sens, je vois la sagesse de Dieu dans son choix. Les pêcheurs sont une race à part. Si vous lisez ces lignes et que vous êtes pêcheur, vous savez que les pêcheurs sont des fanatiques.

Parfois quand je me promène, je passe près de pêcheurs. Je remarque que le poisson ne mord pas. Je me dis alors que cela n'a pas d'importance car ce sont des pêcheurs. Les circonstances leur importent peu. Le découragement ne les affecte pas. Le mauvais temps n'est pas un problème pour eux. Ils ont une vision de la pêche.

Le Seigneur nous a donné un merveilleux message en débutant son ministère avec des pêcheurs: les chrétiens devraient être comme eux. Nous devrions être tellement désireux de répondre à notre appel que rien d'autre ne compte pour nous.

Remarquez également que Jésus n'a pas perdu son temps en phrases inutiles pour appeler ses disciples: "Suis-moi." C'est sûrement le record du sermon le plus court! Comme nous le verrons, il n'a pas donné beaucoup d'explications. Cela nous montre qu'il n'y a pas de compromis dans l'engagement avec Jésus. Il n'y a pas de juste milieu.

"Alors Jésus dit à ses disciples: si quelqu'un veut venir après moi, qu'il renonce à lui-même, qu'il se charge de sa croix et qu'il me suive. Quiconque en effet voudra sauver sa vie la perdra, mais quiconque perdra sa vie à cause de moi la retrouvera." Matthieu 16:24-25

Plus tard dans son ministère, Jésus a lancé ce même appel à un autre homme: "Suis-moi." L'homme a hésité. "Seigneur, permets-moi d'abord d'aller ensevelir mon père." Jésus a répondu: "Laisse les morts ensevelir leurs morts; et toi, va annoncer le royaume de Dieu." (voir Luc 9:59-60) Quand Jésus dit: "maintenant" , ce n'est pas demain. Il nous défie directement et nous laisse décider de la façon dont nous allons lui répondre.

J'ai grandi en Angleterre dans l'Eglise anglicane; j'en ai été membre durant la première partie de ma vie. Il était assez facile d'en faire partie (comme dans la plupart des églises) en disant aux gens: "Vous n'avez pas besoin de faire beaucoup de choses, faites simplement ces quelques petites choses." J'ai fait tout ce que j'étais supposé faire mais je n'ai jamais trouvé de réalité à ma vie.

A cette époque, je ne connaissais pas mon propre cœur mais je cherchais un défi. La première fois que j'ai été confronté au défi de Jésus, j'ai répondu par un engagement total. Je suppose que beaucoup de gens ne sont pas très enthousiasmés par la religion conventionnelle. Ils ne sont pas pleinement satisfaits mais ils ne savent pas ce qui pourrait les satisfaire. J'aimerais leur dire que ce qu'ils cherchent c'est le défi sans équivoque et sans compromis de l'appel de Dieu. Si vous recevez cet appel, ne laissez rien vous détourner de l'excitation de la réponse.

L'appel de Dieu est saint et il vient du ciel. C'est un appel d'en-haut. C'est comme si nous marchions sur un plan horizontal et que l'appel vertical de Dieu vienne du ciel pour croiser nos vies. Nos vies avant son appel sont très différentes de ce qu'elles deviennent après notre réponse à son appel.

Vous pouvez sauver votre vie si vous vous y accrochez. Vous pouvez la garder pour vous, vous faire plaisir, faire vos propres plans, faire ce que vous voulez, mais vous perdrez votre vie. Ou vous pouvez l'abandonner et en retrouver une autre. Dans son autorité et sa souveraineté, il dit simplement: "Suis-moi". C'est tout.

La souveraineté est un mot quelque peu théologique. Je l'interprète ainsi: Dieu fait ce qu'il veut quand il veut et comme il veut, sans demander la permission à quiconque. Cette idée de souveraineté qui est largement négligée dans cette génération, est l'une des vérités les plus grandes de l'Ecriture. Tant que nous n'apprécions pas et n'honorons pas la souveraineté de Dieu, nous serons incapables de comprendre son appel sur nos vies. Mais si nous voulons aller plus loin dans la compréhension, nous devons entrer dans la nouvelle vie avec tous ses avantages. En voici juste quatre aspects.

Voulez vous y entrer pour toujours?

Notre motivation pour continuer dans cette nouvelle vie, est aussi simple que le désir de faire la volonté de Dieu. C'était la motivation de Jésus lui-même. Il dit: "Ma nourriture est de faire la volonté de celui qui m'a envoyé, et d'accomplir son œuvre." (Jean 4:34)

Dans sa première épître, Jean parle de celui qui fait la volonté de Dieu. Il compare avec tout ce que le monde a à nous offrir. Jean dit clairement: "Le monde passe et ses convoitises" (1 Jean 2:17) Tous les désirs du monde et ses ambitions, tout ce qu'il peut saisir et rechercher sont temporaires. Tout cela passera.

Une fois cette affirmation préliminaire posée, analysons le mot "mais": "mais celui qui fait la volonté de Dieu demeure éternellement." (1 Jean 2:17) C'est la différence. Quand vous renoncez à votre propre volonté, quand vous dites non à votre moi et que vous unissez votre volonté à celle de Dieu, vous remplissez les conditions.

En dernier ressort, la volonté de Dieu s'accomplira. Si vous vous identifiez à sa volonté, plus rien ne pourra vous atteindre, vous serez invincibles. Vous vivrez éternellement. N'est-ce pas merveilleux? Je vous invite à faire cette proclamation d'une façon un peu plus personnelle: "Si je fais la volonté de Dieu, je demeurerai éternellement."

C'est la première marque de la nouvelle vie. C'est une vie unie à la volonté de Dieu. Elle a en elle toute la force, la puissance et la confiance de la volonté de Dieu même.

Voulez-vous une direction parfaite?

La nouvelle vie est aussi une vie dirigée par le Saint-Esprit. Regardons simplement un verset de l'Ecriture: "Car ceux qui sont conduits par l'Esprit de Dieu sont fils de Dieu." (Romains 8:14)

Ce verset est au présent continue. On pourrait le dire autrement: ceux qui sont régulièrement conduits par l'Esprit de Dieu sont fils de Dieu. Quand vous recevez par la foi, Jésus comme Sauveur personnel, vous naissez de l'Esprit de Dieu. Vous devenez un petit enfant dans la famille de Dieu. Mais pour grandir et devenir un fils ou une fille de Dieu mature, il y a un processus: être conduit par l'Esprit de Dieu. Beaucoup de chrétiens nés de nouveau n'ont jamais appris à être conduits par l'Esprit de Dieu. Mais ceux qui sont continuellement conduits par l'Esprit de Dieu deviennent des fils de Dieu. Ils deviennent matures. Ils grandissent. Ils trouvent le dessein de Dieu pour leur vie. (Nous en apprendrons davantage sur ce sujet dans le chapitre 8 "Celui qui vous guide.")

Voulez-vous savoir que Dieu va pourvoir?

Un troisième aspect de cette nouvelle vie c'est que tout ce qui nous est nécessaire vient de Dieu. Une fois que vous vous êtes abandonné à Dieu en obéissant à son appel, il accepte de vous prendre sous sa responsabilité. Je vais illustrer cela par mon expérience dans l'Armée britannique, bien que par beaucoup d'aspects, l'Armée britannique soit bien loin du modèle divin.

Je ne me suis pas engagé dans l'Armée; j'ai été conscrit. Je suis rentré dans l'Armée en septembre 1940 et durant les cinq années et demi qui ont suivies, je ne me suis jamais inquiété de ce que j'allais porter, ni de l'endroit où j'allais aller ni de ce que j'allais manger. A cette époque ma paie (croyez-moi si vous le voulez) était de deux shillings anglais par jour! Il est difficile d'imaginer combien c'était maigre. Mais nous n'avons jamais eu faim. Nous n'avions pas à payer notre nourriture, ni à acheter nos vêtements ni à chercher un lieu pour dormir. Durant environ deux ans, j'ai dormi dans le désert d'Afrique du Nord, mais il y avait au moins une sorte d'abri pour la nuit. Ce n'était pas une partie de plaisir mais l'Armée prenait sa responsabilité pour chaque soldat.

Quand vous vous engagez à faire la volonté de Dieu sans restriction, Dieu prend la responsabilité de pourvoir à vos besoins. Beaucoup de gens peuvent témoigner de cela. Quand j'ai quitté l'Armée britannique, et que je suis devenu pleinement disciple de Jésus-Christ, je me suis marié avec une femme qui avait un orphelinat au nord de Jérusalem. Le jour même de mon mariage, je suis devenu le père adoptif des huit filles qui vivaient chez elle. C'est une grande famille. Nous avons connu la guerre qui a marqué la naissance de l'Etat d'Israël. En fait, nous étions en plein dedans. Notre maison était à environ 400 mètres de la ligne de front. Après cela, nous sommes allés de pays en pays et de lieu en lieu. Nous avons affronté des dangers, des difficultés, de l'opposition mais dans tout cela Dieu a systématiquement pourvu à nos besoins.

Jésus a dit dans Matthieu 6:33: "Cherchez d'abord le royaume de Dieu et sa justice, et toutes ces choses vous seront données par-dessus." Dans le monde on court et on saisit tout ce qui est à sa portée. Le monde fait des possessions matérielles - nourriture, vêtements, argent, maisons, voitures- son objectif. Mais dans la nouvelle vie si vous faites de la volonté de Dieu votre objectif, Dieu vous ajoutera ces choses. Vous aurez beaucoup moins de soucis si vous savez que c'est Dieu qui ajoute ces choses.

Certains pensent peut-être que c'est trop beau pour être vrai. Réalisez que c'est la promesse de Jésus lui-même et il n'a jamais trompé personne. Il y a des milliers de serviteurs du Seigneur dans le monde aujourd'hui qui peuvent témoigner par expérience personnelle que c'est vrai. Dieu est aussi bon que sa Parole.

Regardons encore un merveilleux passage de l'Ecriture, dans l'Evangile de Marc. Il s'agit d'un commentaire bravache de Pierre qui amène cette réponse de Jésus.

"Pierre se mit à lui dire: voici que nous avons tout quitté et que nous t'avons suivi. Jésus répondit: en vérité, en vérité je vous le dis, il n'est personne qui ait quitté, à cause de moi et de l'Evangile, maison, frères, sœurs, mère, père, enfants ou terre et qui ne reçoive au centuple, présentement dans ce temps-ci, des maisons, des frères, des sœurs, des mères, des enfants et des terres, avec des persécutions, et, dans le siècle à venir, la vie éternelle." Marc 10:28-30

Dans ce passage, Jésus dit: "En fin de compte, tout ce que tu auras abandonné te sera rendu multiplié. Pas seulement dans le monde à venir mais dans ce monde-ci.

Voulez-vous trouver la vie qui est prévue pour vous?

Le quatrième aspect de la nouvelle vie est celui-ci: si vous acceptez sans réserve l'appel de Dieu dans votre vie, il vous offrira la vie sur mesure qu'il a prévue juste pour vous.

Dieu vous a fait pour une certaine vie. Comme nous le verrons dans le chapitre 3, "Sept étapes pour trouver votre place", quand vous êtes sauvé, vous êtes sauvé pour un appel spécifique. Qui plus est, vous serez frustré et insatisfait tant que vous ne serez pas entré dans cet appel. Vous pouvez bien sûr vivre sans le trouver et vous retrouver au ciel, mais vous serez passé à côté de l'expérience la plus importante de la terre.

De 1940 à 1949 j'étais membre du corps enseignant et dirigeant au King's College de Cambridge. A la fin de la Deuxième Guerre mondiale les autorités du collège m'ont écrit pour me proposer une chaire à l'université. Je leur ai répondu: "Je suis devenu chrétien, je ne viendrai pas." J'aurais pu le dire mieux mais enfin j'ai refusé leur offre parce que Dieu avait un appel différent pour ma vie.

Supposons maintenant que j'aie accepté leur offre. J'aurais pris ma retraite à 65 ans. Je me serais installé dans une petite maison avec ma petite retraite. Mais me voici, bien plus âgé, je voyage à travers le monde, je suis vigoureux, actif, et je mène une vie excitante et pleine de défis.

C'est la vie sur mesure que Dieu avait pour moi. Je n'aurais pas été à ma place ailleurs. Mais pour trouver cette vie, j'ai tout d'abord dû perdre l'autre vie. Quand Dieu m'a appelé sur la terre d'Israël et du peuple juif puis vers les nations du monde, en fait je peux dire que j'ai tout abandonné. Cela ne s'est pas fait de façon spectaculaire. Dieu m'a simplement mis dans une situation où obéir signifiait que je devais abandonner tout le reste. J'ai abandonné mon pays, l'Angleterre, et je me suis installé à l'étranger. J'ai abandonné ma famille -pas dans le sens où je me suis exclu mais leurs revendications sur ma vie venaient après celles de Jésus.

Mais Dieu est fidèle. Je ne voudrais échanger ma vie avec personne -même pas avec la famille royale, ni avec un premier ministre, avec personne. C'est la vie que Dieu a prévue pour moi.

Réfléchissez à votre décision

Voulez-vous connaître le travail, le lieu, les relations, le ministère qu'il a ordonné pour vous? Voulez-vous entrer dans ce qu'il a prévu pour vous spécialement, comme responsabilité et privilège dans cette vie et dans l'éternité? Voulez-vous répondre à son appel?

L'Esprit de Dieu est très personnel. Il peut vous parler maintenant et vous dire: "Suis-moi. Mets ta vie à mon service." Réfléchissez-y quelques instants. Enfermez-vous avec le Seigneur. Si Dieu a quelque chose à vous dire, soyez prêt à l'écouter.

Les deux pêcheurs, André et Pierre étaient en train de réparer leur filet quand Jésus est passé près d'eux et leur a dit: "Suivez-moi." Jacques et Jean étaient dans la barque avec leur père quand Jésus les a appelés. L'Ecriture relate qu'ils ont *immédiatement* laissé leurs filets -leur moyen de survie- et leurs liens familiaux et l'ont suivi.

Vous aussi, vous pouvez découvrir votre appel. Ce n'est pas compliqué. En fait, comme nous le verrons, c'est très pratique. Dans ce livre vous allez apprendre à discerner votre "place" et vos dons. Vous allez progresser dans votre capacité à entendre la voix du Saint-Esprit. Vous allez aussi découvrir le plus grand obstacle à l'accomplissement de votre appel. En vous alignant sur l'appel que Dieu a pour vous, vous allez faire face à votre mission dans ces derniers temps avec confiance et courage.

Jésus veut vous donner des responsabilités et des privilèges incroyables en tant que roi et prêtre de son royaume. (Voir 1Pierre 2:5, 9; Apocalypse 1:6). Les puissances de l'enfer vont se mettre à l'œuvre pour vous en empêcher. Quelle sera votre décision? Regardons ce que signifie connaître son appel.

2

Comment définir précisément un appel?

"C'est pourquoi, frères, efforcez-vous d'affermir d'autant plus votre vocation et votre élection." 2 Pierre1:10

Je suis saisi par l'importance du sens de ce passage. Je me suis rendu compte que parmi les chrétiens qui connaissent le Seigneur très peu sont sûrs de leur appel. De nombreux chrétiens ne réalisent même pas ce qu'est leur appel. J'espère que je vais pouvoir vous faire comprendre les vérités de base de l'appel de Dieu afin que vous puissiez agir en conséquence.

Le mot *appel* est le mot utilisé dans la plupart des traductions de la Bible. On peut trouver deux autres mots qui expriment cette même signification: *invitation* ou *convocation*. Le moment où Dieu vous confronte à son appel est le moment le plus significatif de votre vie. Toute votre destinée pour cette vie et pour l'éternité sera déterminée par la façon dont vous allez y répondre.

En ce qui me concerne, ayant grandi dans une église en Angleterre et étant passé par ses différents rituels, cérémonies et exigences, j'avais atteint l'âge de 24 ans sans même connaître Dieu personnellement. En fait, je ne savais pas qu'il était possible de connaître Dieu personnellement.

C'est en servant dans l'Armée britannique que j'ai été soudain confronté à l'appel de Dieu lors d'une réunion à laquelle j'assistais. Je n'avais aucune connaissance doctrinale du salut, ni de la nouvelle naissance, ni de la vérité évangélique. J'y étais totalement étranger. Mais je savais une chose: Dieu avait mis quelque chose à ma disposition et je n'aurais peut-être pas d'autre opportunité pour y répondre. C'était si net que je savais que je devais prendre une décision et si je ne le faisais pas, je n'avais pas le droit de m'attendre à un deuxième appel.

Cela me chagrine toujours de voir des gens qui abusent de la grâce de Dieu, incapables de se décider et de s'engager. Si vous n'avez jamais été confronté à l'appel de Dieu, et si vous l'êtes en lisant ce livre, ne présumez pas que vous aurez une seconde opportunité. C'est possible. Vous pouvez en avoir beaucoup d'autres. Mais vous ne pouvez pas en être certain. En règle générale, il est impoli de ne pas répondre si Dieu vous fait une invitation.

Tout concourt à notre bien

L'appel que Dieu place sur chacune de nos vies est en relation directe avec son dessein et son plan global. Cela nous amène au sujet de la souveraineté suprême de Dieu, un sujet que nous avons effleuré dans le chapitre précédent et de notre choix de lui répondre ou pas. Commençons en relisant ce verset familier:

"Nous savons, du reste, que toutes choses concourent au bien *(on pourrait aussi traduire "Dieu fait concourir toutes choses pour le bien)* de ceux qui aiment Dieu, de ceux qui sont appelés selon son dessein." Romains 8: 28

Remarquez le mot "appelé". Dieu ne fait pas concourir *toutes* choses au bien de *tous*. Mais il le fait pour ceux qui ont répondu à son appel. Quand vous répondez,, vous vous retrouvez dans une catégorie spéciale qui est au centre de tous les desseins de Dieu.

Permettez-moi de vous dire ceci: si vous comprenez ce message, vous ne vous sentirez plus jamais comme un grain de poussière flottant dans l'univers. Vous ne serez plus jamais un accident cherchant que quelque chose se passe. Vous réaliserez que vous faites partie intégrante du plan éternel de Dieu.

L'Ecriture nous révèle sept phases ou actions que Dieu détermine pour faire concourir les choses au bien de ceux qui lui répondent. Avant que l'appel de Dieu ne retentisse dans nos vies, il a déjà fait trois choses: il nous a *connus d'avance*, il nous a *choisis*, et il nous a *prédestinés*. C'est alors seulement qu'il fait la quatrième action et qu'il nous *appelle*. Si nous répondons, il prend la cinquième mesure et nous *sauve*. Cela ouvre la voie à l'accomplissement des deux autres phases: il nous *justifie* et il nous *glorifie*. Regardons brièvement chacune des ces phases.

Il nous a connus d'avance

Notre appel commence par la connaissance éternelle qu'a Dieu de chacun d'entre nous.

"Car ceux qu'il (Dieu) a connus d'avance, il les a aussi prédestinés à être semblables à l'image de son Fils, afin qu'il soit le premier-né d'un grand nombre de frères. Et ceux qu'il a prédestinés, il les a aussi appelés." Romains 8:29-30

Le Seigneur nous a connus d'avance. Il nous connaissait avant notre naissance. Il nous connaissait avant que nous ayons un nom. Il nous connaissait de toute éternité.

La connaissance de Dieu est vraiment stupéfiante. La Bible dit par exemple, qu'il connaît toutes les étoiles et qu'il les appelle par leur nom. Les scientifiques nous disent qu'il y a plus de cinquante mille trillions d'étoiles dans l'univers observable. Des milliers de milliards d'étoiles traversent l'espace et Dieu les connaît toutes par leur nom.

Dieu considère aussi chaque petit moineau. Jésus a dit qu'on vend deux moineaux pour un sou. (Voir Matthieu 10:29 et Luc 12:6. Il semblerait que si vous achetez des moineaux en quantité vous en ayez un gratuit.) Pourtant aucun ne tombe à terre sans que Dieu le sache. Quelqu'un a dit: "Dieu prend le temps d'assister à l'enterrement des moineaux." Aucun moineau n'existe sans que Dieu le connaisse.

Jésus dit ensuite: "Même les cheveux de votre tête sont comptés." (Matthieu 10:30; Luc 12:7) Dieu connaît le nombre exact de vos cheveux.

La connaissance de Dieu englobe tout l'univers: les étoiles, les moineaux et les cheveux de notre tête. Il comprend non seulement ce temps mais l'éternité. Si vous pouvez commencer à sentir la totalité de la connaissance de Dieu, vous verrez votre vie différemment.

Il nous a choisis

Puis sur la base de la connaissance de Dieu, il nous a choisis. La première épître de Pierre décrit un certain groupe de chrétiens "élus selon la prescience de Dieu le Père" (1 Pierre 1:2). Elu est simplement un autre mot pour choisi. Ces chrétiens étaient choisis selon la prescience de Dieu.

Votre appel ne vient pas d'une pensée après coup. Dieu ne vous a pas sauvé pour vous dire: "Maintenant, qu'est-ce que je vais lui donner à faire?" Quel œuvre puis-je lui donner dans l'église?" Dieu vous a sauvé parce qu'il a un but pour vous.

Votre esprit peut-il seulement concevoir cela? Avant que le monde soit, avant que Dieu créé toute chose, il avait un plan pour vous. Comprenez-vous combien vous êtes important? Rien ne me chagrine davantage que d'entendre des chrétiens parler d'eux comme insignifiants et sans importance. Il n'y a aucun chrétien insignifiant. Chacun d'entre nous est d'une importance capitale.

De plus, quand Dieu vous choisit pour faire quelque chose pour lui, il sait que vous pouvez le faire. Il ne vous choisit jamais pour faire quelque chose que vous n'êtes pas capable de faire par sa grâce. Ne vous détournez jamais de votre appel par peur de ne pas y arriver.

Il nous a prédestinés

Une fois qu'il nous a connus et choisis, il "nous a aussi prédestinés". (Romains 8: 29)

Certains extrémistes ont perverti le sens du mot prédestiné. Dieu ne nous a pas prédestinés pour être sauvés; il nous a prédestinés à être conformes à l'image de Jésus-Christ. Si une personne me dit qu'elle est prédestinée au salut et que je ne vois aucun fruit dans sa vie, je vais me poser des questions sur cette affirmation. Mais si je vois quelqu'un qui se conforme à l'image de Jésus-Christ, je dois croire que c'est parce qu'il a été prédestiné. Il ne peut pas en être autrement.

Etre prédestiné signifie que Dieu a prévu le cours de votre vie par avance. Il a déterminé le cours que doit prendre votre vie. Il sait là où vous serez chaque jour de la semaine, chaque heure du jour. Il connaît les problèmes et les crises que vous allez affronter et il a une réponse pour chacun. Dieu ne connaît pas l'urgence. Il n'est jamais pris par surprise. Rien n'arrive jamais dans l'univers sans que Dieu l'ait prévu.

Ce sont les trois actions que Dieu a déjà mené à bien pour nous en ce qui concerne l'éternité. Dieu ne nous a jamais consulté pour aucune d'entre elles. En fait, nous ne savons rien d'elles. Ces trois phases n'ont pas eu lieu dans le temps comme nous le connaissons; elles ont pris place dans l'éternité avant que le temps ne commence.

Il nous a connus d'avance, il nous a choisis et il nous a prédestinés. Aujourd'hui, nous nous émerveillons de ce que les ordinateurs peuvent faire. Mais je vous le dis, l'ordinateur céleste surpasse tout le reste! C'est simplement étonnant. Il n'y a pas un grain de poussière dans l'univers, il n'y a aucun insecte que Dieu ne connaisse. Et nous faisons partie de la portée centrale de son plan.

Il nous a appelés

En continuant dans Romains 8:30, nous lisons: "Et ceux qu'il a prédestinés, il les a aussi appelés." La quatrième phase, c'est le moment où vient son appel.

Quand Dieu nous a connus d'avance, choisis et prédestinés, il est ensuite intervenu dans nos vies à un moment particulier et il nous a appelés. L'appel de Dieu est le point où les desseins éternels de Dieu émergent de l'éternité pour avoir un impact sur nous dans le temps. C'est pourquoi l'appel est un moment si crucial dans nos vies. Vous étiez peut-être comme moi, vivant une vie matérialiste, insouciante, égocentrique, vous étiez complaisant envers vous-mêmes, inconscient de ce que Dieu avait prévu pour vous. C'est alors que dans une situation que je n'aurais certes pas imaginée, j'ai été soudain confronté au fait que Dieu m'avait appelé, et que tout mon destin allait être déterminé par ma réponse. L'éternité sera trop courte pour louer Dieu pour le fait que par sa grâce j'ai dit' oui'.

Croyez-moi, je n'avais aucune idée de ce à quoi je m'engageais. Dieu ne nous donne généralement pas beaucoup de détails. Pourtant, il m'a donné dans les premières semaines de mon appel une sorte de plan pour ma vie. Dieu m'a parlé par le Saint-Esprit et m'a dit: "Ce sera comme un courant, le courant deviendra une rivière, la rivière deviendra un fleuve, le fleuve deviendra une mer et la mer deviendra un océan." Je me suis demandé de quoi Dieu me parlait. Mais j'ai peu à peu réalisé qu'il parlait de quelque chose qui allait être le cours de ma vie.

Si vous connaissez le résultat de notre ministère aujourd'hui, qui atteint probablement la moitié de la population de la terre vous reconnaîtrez que le plan de Dieu a été mis en œuvre durant plus de soixante ans et continue encore aujourd'hui. Je pensais que j'avais dû faire quelque chose pour que cela arrive. Mais plus je mûrissait, plus je réalisait que c'est arrivé parce que Dieu avait dit que cela arriverait. Tout ce que j'ai eu à faire était de rester en harmonie avec Dieu. La plupart des promesses que Dieu nous a données étaient bien trop grandes pour être accomplies par nos propres efforts. Nous avons simplement dû nous en emparer par la foi en disant: "Dieu, tu l'as dit, tu le feras."

Il nous a sauvés
Quand vous répondez à l'appel, il vous sauve.

J'ai mentionné que j'ai passé 24 ans de ma vie sans savoir que je pouvais être sauvé. Vous êtes peut-être vous aussi dans cette situation. J'aimerais vous dire que vous pouvez être sauvé et savoir que vous l'êtes. Regardons tout d'abord dans Thessaloniciens. Paul écrit à des gens qui sont devenus chrétiens et disciples de Jésus-Christ. Il dit: "Nous devons continuellement rendre grâces à Dieu à votre sujet, car Dieu vous a choisis dès le commencement pour le salut." (2 Thessaloniciens 2:13)

Dieu vous a choisi pour être sauvé. Jésus dit à ses disciples: "Ce n'est pas vous qui m'avez choisi, mais moi, je vous ai choisis." (Jean 15:16) Si Dieu ne vous avait pas choisi pour le salut vous ne seriez pas sauvé. Le choix initial ne vient pas de nous; tout ce que nous pouvons faire, c'est y répondre.

Dans l'oeuvre du Seigneur, les seuls choix qui ont de l'importance sont ceux de Dieu. Nous pouvons voter pour un président, nous pouvons nommer des juges, nous pouvons choisir des anciens pour l'église, mais si Dieu ne les a pas choisis, il n'y aura pas de fruit. Jésus a dit: "Je vous ai choisis… afin que vous portiez du fruit et que ce fruit demeure." (Jean 15:16) Quand nous ne nous alignons pas avec le choix de Dieu, nous pouvons faire toutes sortes d'efforts religieux, mais nous ne porterons pas de fruit.

La suite de 2 Thessaloniciens 2:13 dit ceci: "Dieu vous a choisis dès le commencement pour le salut, par la sanctification de l'Esprit et par la foi de la vérité." Le Saint-Esprit vous prépare et vous guide jusqu'à l'endroit où vous allez rencontrer le Seigneur. Quand vous êtes appelé de Dieu vous êtes appelé au salut. Mais l'appel de Dieu ne commence que lorsque vous êtes sauvé.

Je voudrais que vous compreniez bien ce point: *vous pouvez être sauvé sans avoir vraiment découvert votre appel,* le but pour lequel Dieu vous a sauvé. C'est une tragédie. Je ne peux pas trop souligner le caractère sacré de l'appel de Dieu. C'est quelque chose qui a une énorme conséquence pour chacun d'entre nous.

Il nous a justifiés

Quand il nous a sauvés, il y avait deux actions dans ce processus: il nous a justifiés et il nous a glorifiés.

Dans Romains 8, les deux phases finales sont au passé: "Ceux qu'il a appelés, il les a aussi justifiés, et ceux qu'il a justifiés, il les a aussi glorifiés." (Romains 8:30) Selon les desseins éternels de Dieu ce ne sont pas des événements qui auront lieu à un moment donné dans le futur. Ils sont établis de toute éternité.

Le mot *justification* est similaire à un mot que nous avons rencontré plus haut: *prédestination.* Tout comme la prédestination, la justification est un terme théologique assez effrayant que les gens essaient d'éviter. Mais c'est dommage parce que la justification est vraiment l'une des vérités les plus glorieuses du Nouveau Testament et même de toute la Bible.

Que signifie être justifié? Cela inclut en fait une succession de signification. Cela signifie tout d'abord être acquitté d'un crime. C'est un verdict du ciel sur votre vie et la mienne. "Non coupable". L'explication que j'ai souvent donné de justifié est: "comme si je n'avais jamais péché". Nous sommes reconnus justes – la justice de Dieu est imputée sur nous. C'est parce que nous sommes devenus justice de Dieu qui n'a jamais connu le péché qui n'a pas l'ombre d'une culpabilité, qui n'a pas de passé à pardonner. Nous sommes rendus justes de la justice de Dieu.

Mais nous ne nous arrêtons pas simplement à la *reconnaissance* de la justice parce que nous devons aussi être *rendus* justes. La justice est reçue comme un don mais nous ne pouvons pas laisser les choses ainsi. Il nous faut y répondre. Paul le dit très clairement dans Philippiens 2:12-13: "Travaillez à votre salut avec crainte et tremblement … car c'est Dieu qui opère en vous le vouloir et le faire selon son dessein bienveillant."

La justification nécessite de passer de la justice imputée à la mise en œuvre de la justice. Nous ne commençons pas par nos actes justes. Nous commençons par une justice qui nous est imputée par Dieu sur la base de notre foi pour le salut. Après cela, nous mettons en œuvre à l'extérieur ce que Dieu a mis à l'intérieur.

Il nous glorifie

Paul dit dans Romains 8:30 "… ceux qu'il a justifiés, il les a aussi glorifiés." Paul ne conclut pas son enseignement avec Dieu qui nous sauve. Il ne conclut pas par la justification. Paul continue avec le fait que Dieu nous glorifie.

Remarquez encore que le verbe de ce passage est au passé. Si vous pouvez croire par l'Ecriture que Dieu nous a sauvés et justifiés, alors sur la base de ces mêmes écritures vous pouvez croire que Dieu nous a glorifiés. Il est vrai qu'il y a quelque chose de merveilleux pour notre avenir dans le futur, mais être glorifié c'est pour nous maintenant. Cela prend place dans ce temps, dans cette vie.

Etre glorifié ou entrer dans la glorification signifie que nous partageons la gloire de Christ avec lui. Avant que Jésus ne monte sur la croix, il a prié prophétiquement le Père. Il dit de ses disciples: "Je leur ai donné la gloire que tu m'as donnée." (Jean 17:22) Remarquez que Jésus ne parle pas de quelque chose qui va arriver. C'est arrivé. C'est rendu possible par la mort en sacrifice de Jésus, sa résurrection triomphante et son ascension au ciel.

Nous sommes justifiés à travers la résurrection de Jésus. Mais Dieu ne s'arrête pas avec nous à la résurrection. Il nous amène de la résurrection à l'ascension. A travers l'ascension, nous ne sommes pas seulement justifiés, nous sommes glorifiés. Permettez-moi de vous le redire: nous sommes justifiés à travers la résurrection de Jésus. Nous sommes glorifiés à travers l'ascension de Jésus.

Paul le dit clairement dans Ephésiens 2:4-6: "Mais Dieu est riche en miséricorde, à cause du grand amour dont il nous a aimés, nous qui étions morts par nos fautes, il nous a rendus à la vie avec le Christ (c'est par grâce que vous êtes sauvés) il nous a ressuscités ensemble et fait asseoir ensemble dans les lieux célestes en Jésus-Christ."

Remarquez encore une fois que ces trois actions que Dieu a réalisées sont toutes au passé: il nous a rendus vivants avec Christ, il nous a ressuscités avec Christ, mais ne vous arrêtez pas là, il nous a fait asseoir avec lui dans les lieux célestes. Sur quel genre de siège Jésus est-il assis? Il est assis sur le trône de Dieu. Si nous sommes assis avec lui, sur quoi sommes-nous assis? Sur le trône de Dieu. Il y a une version de la Bible qui traduit ainsi: "Il nous a intronisés avec lui." Cette traduction fait vraiment ressortir la vérité. A travers sa résurrection nous sommes justifiés. Mais à travers son ascension nous sommes glorifiés. Nous sommes dans la gloire avec lui.

Paul parle de la glorification dans Colossiens 3:1-3

"Si donc vous êtes ressuscités avec le Christ, cherchez les choses d'en haut, où le Christ est assis à la droite de Dieu. Pensez à ce qui est en-haut, et non à ce qui est sur la terre. Car vous êtes morts, et votre vie est cachée avec le Christ en Dieu."

Nous avons commencé ce chapitre en nous référant à notre destinée en Dieu. C'est-ce que Paul dit dans ce verset. Quand Jésus est mort sur la croix, vous êtes mort avec lui à votre vie ancienne et pécheresse. Vous êtes maintenant ressuscité avec lui, vous êtes intronisé avec lui. Votre vie est cachée avec Christ en Dieu. Pouvez-vous trouver un endroit plus significatif que d'avoir une vie qui est cachée avec Christ en Dieu? Puis Paul continue et déclare: "Quand le Christ, votre vie, paraîtra, alors vous paraîtrez aussi avec lui dans la gloire."

Comprenez bien ceci. Christ est votre vie. Ces quatre mots simples peuvent changer la façon dont vous abordez la vie. C'est l'apogée du merveilleux plan de Dieu pour nous: réaliser que nous sommes glorifiés avec Christ.

Revenir à l'éternité
Dans sa seconde lettre à Timothée, Paul écrit:

"Dieu…nous a sauvés et nous a adressé un saint appel, non à cause de nos œuvres, mais à cause de son propre dessein et de la grâce qui nous a été donnée en Jésus-Christ avant les temps éternels." 2 Timothée 1:9

Remarquez comment encore une fois Paul regarde à l'éternité pour expliquer ce qui se passe dans nos vies. Aucun d'entre nous ne peut vraiment comprendre ces phases tant que nous ne les considérons pas dans la perspective de l'éternité parce que c'est là que le plan de Dieu a commencé. Dieu nous a appelés d'un appel saint non à cause de nos œuvres, mais selon son dessein et sa grâce qui nous ont été données en Jésus-Christ avant le commencement des temps.

Si vous arrivez à saisir ce que je dis, vous aurez une attitude toute différente sur votre vie à partir de maintenant. Si vous connaissez l'insécurité et l'incertitude, je suis sûr qu'elles vont disparaître.

Vous faites partie d'un plan éternel. Bien plus, en tant qu'élu de Dieu en Jésus-Christ, vous en êtes le centre. Vous n'êtes pas à la périphérie. Vous n'êtes pas une étoile quelque part dans une lointaine galaxie. Vous êtes au cœur même du dessein de Dieu. C'est ce que signifie votre appel. Voyons maintenant le moyen de trouver votre place.

3

Sept étapes pour trouver votre place

"L'Eternel gardera ton départ et ton arrivée." Psaume 121:8

L'un des aspects de la connaissance de l'appel de Dieu dans chacune de nos vies peut se résumer par une expression unique: *trouver sa place*. Tant que vous n'aurez pas trouvé votre place, vous ne serez jamais un chrétien accompli.

Votre place touche tous les domaines de votre vie. Il a un lieu géographique pour vous par exemple. C'est important de savoir si vous vivez à New York, à Bruxelles, à Lausanne ou à Paris.

Le livre des Proverbes nous dit: "Comme l'oiseau qui erre loin de son nid ainsi est l'homme qui erre loin de sa demeure." (Proverbes 27:8) Avez-vous déjà vu un oiseau sortir de son nid et ne pas pouvoir y revenir? Rien n'est plus faible et pitoyable que cet oiseau. C'est ainsi quand on n'est pas à sa place. J'ai conseillé de nombreuses personnes et parfois je leur ai simplement dit: "Votre problème, c'est que vous n'êtes pas dans le bon lieu géographique. Ce n'est pas l'endroit où vous devriez être. Et vous ne vous épanouirez jamais vraiment tant que vous ne l'aurez pas trouvé."

La place que Dieu a pour nous ne se limite pas au lieu géographique. Il a une place de travail ou de service pour vous. Il a une place spécifique dans le Corps de Christ. L'Ecriture dit par exemple que chacun d'entre nous doit être membre d'un corps. Ainsi, chacun d'entre nous doit être à la bonne place en tant que membre.

L'enseignement de ce chapitre est destiné spécifiquement à vous faire entrer dans votre place. Vous n'y arriverez pas immédiatement mais si vous agissez selon ce que vous avez lu, je crois que je peux vous promettre, sur la base de l'autorité de la parole de Dieu, que vous y parviendrez.

Offrez vos corps

La lettre de Paul aux Romains nous donne le point de départ pour trouver notre place.

"Je vous exhorte donc, frères, par les compassions de Dieu à offrir vos corps comme un sacrifice vivant, saint, agréable à Dieu, ce qui sera de votre part un culte raisonnable." Romains 12:1

Vous m'avez déjà entendu vous expliquer cela auparavant: quand vous trouver un "donc" dans la Bible vous devez vous demander pourquoi il est là. Ce chapitre commence par "donc". "Je vous exhorte donc, frères…" Je vous dirais dans ce cas que ce "donc" se trouve dans Romains 12 à cause des onze chapitres précédents. Ces chapitres développent de la façon la plus grandiose, la plus logique et la plus complète qui soit, le plan de rédemption de Dieu pour l'humanité.

Permettez-moi aussi de mentionner ceci: ne vous sentez jamais sur la défensive et ne vous excusez jamais de dire à un intellectuel que vous croyez en la Bible. Il n'existe aucune œuvre plus grande dans le domaine du raisonnement et du développement logique. Elle est insondable. Vous pouvez la lire cinquante fois et à chaque fois y trouver quelque chose qui vous fasse dire: "pourquoi n'ai-je pas vu cela avant?"

En ce qui concerne les onze premiers chapitres du livre des Romains, je dirais que les huit premiers décrivent le chemin à parcourir pour une vie remplie de l'Esprit. Romains 9, 10 et 11 se concentrent sur la relation de Dieu avec son peuple élu, Israël. C'est une part essentielle de la lettre de Paul aux Romains, et non pas simplement un appendice. Pourquoi? Parce que le plan de rédemption de l'humanité et l'établissement de son royaume sur la terre ne peut s'accomplir sans Israël.

Tout dans les onze chapitres fait ressortir la grâce insondable de Dieu et sa miséricorde ainsi que sa provision suffisante pour nous à travers la mort et la résurrection de Jésus-Christ. Tout parle de ce que Dieu a fait pour nous.

Puis vient le "donc" de Romains 12:1. Comment y répondre? Qu'est-ce que Dieu nous demande en retour pour tout ce qu'il a librement fait pour nous et librement donné? Cela me bénit vraiment parce que la Bible est un livre tellement pratique. Dieu ne nous demande pas quelque chose de super spirituel. Il nous demande quelque chose de très simple et de très pratique: "Donne-moi ton corps. Mets ton corps sur mon autel comme un sacrifice vivant." C'est un culte raisonnable -la réponse raisonnable de l'adoration- au vu de ce que Dieu a fait. La première étape pour trouver votre place, c'est de lui présenter vos corps, de les mettre sur l'autel de son service et de dire: "Seigneur, mon corps t'appartient."

Paul appelle le corps "un sacrifice vivant" parce qu'il a en tête les sacrifices de l'Ancien Testament -les moutons, les béliers, les taureaux…- qui étaient tués et placés sur l'autel de Dieu. Paul dit que vous devez mettre vos corps sur l'autel de la même façon que ce bœuf, ce mouton ou ce bélier. Mais il y a une différence: personne ne va tuer le sacrifice. Dieu veut un corps en vie.

Une fois que vous avez placé votre corps sur l'autel de Dieu dans un abandon total, votre corps ne vous appartient plus. Il appartient à Dieu. Vous ne décidez plus ce qui va lui arriver. Dieu le fait. Vous ne décidez pas du genre de travail que vous allez faire avec votre corps. Dieu le fait. Vous ne choisissez pas où vous allez vivre. Dieu le fait. Mais c'est merveilleux quand il en prend la responsabilité.

Nous savons tous que quand quelqu'un possède une propriété, il est responsable de son entretien. Si vous vivez en location, vous ne la possédez pas et vous n'en êtes pas responsable. Si Dieu nous "loue" simplement (c'est une façon de parler) il n'a aucune responsabilité envers nous. Mais s'il nous possède, il est responsable de notre entretien.

Vous n'avez peut-être jamais mis votre corps sur l'autel de Dieu comme un sacrifice vivant. C'est la porte d'entrée pour connaître la volonté de Dieu et trouver votre place. Vous pouvez parcourir le monde mais si vous ne passez pas par cette étape, vous n'arriverez jamais nulle part.

Je prêche fréquemment sur ce sujet parce que c'est une responsabilité tellement importante. Ce qui suit est une prière que vous pouvez faire si vous voulez affirmer votre décision. Ce sera peut-être un moment décisif, de ceux qui affectent le reste de votre vie. Souvenez-vous, vous priez le Seigneur Jésus, la tête de l'Eglise, votre Sauveur.

Seigneur Jésus-Christ, je te remercie parce que sur la croix tu es mort pour moi afin que je sois pardonné et que je reçoive la vie éternelle afin de devenir un enfant de Dieu.

Seigneur, je viens à toi qui est le chef de l'Eglise, je mets maintenant mon corps sur l'autel de ton service et je te demande de me mettre à ma place dans le corps. Je m'abandonne à toi sans condition. A partir d'aujourd'hui mon corps t'appartient. Il ira là où tu lui dira d'aller. Il fera ce que tu lui dira de faire. Il dira ce que tu lui diras de dire. Il servira dans tout ce que tu lui diras de faire.

Merci Seigneur de me recevoir quand je viens à toi en ton nom. Amen.

Soyez renouvelés dans votre intelligence

Une fois que vous avez présenté vos corps, nous en arrivons à la deuxième étape:

"Ne vous conformez pas au siècle présent mais soyez transformés par le renouvellement de votre intelligence afin que vous discerniez quelle est la volonté de Dieu: ce qui est bon agréable et parfait." Romains 12:2

Quand vous présentez vos corps au Seigneur, il fait en vous quelque chose que vous ne pouvez pas faire vous-mêmes. Il renouvelle votre intelligence. Vous commencez à penser différemment. Vous avez des motivations différentes. Des valeurs différentes. Des priorités différentes. Et parce que vous pensez différemment, inévitablement vous vivez différemment. Vous voyez, Dieu ne nous transforme pas à partir de l'extérieur. Il nous transforme à partir de l'intérieur.

En général la religion essaie de changer les gens par des règles et des pratiques externes - ce que vous mettez, ce que vous mangez, ce que vous buvez, ce que vous touchez, ou ce que vous ne pouvez pas toucher. Ces règles ne changent pas les gens parce que ce qui compte c'est l'intérieur. Dieu commence par l'intérieur, par votre cœur, votre intelligence, la façon dont vous pensez et vos motivations. Il dit: "*Quand tu me donnes ton corps, je change la façon dont tu penses. Tu seras renouvelé dans ton intelligence. Tu auras des attitudes différentes, des priorités différentes, des réactions différentes. Tu seras en accord avec ma volonté.*"

Découvrir la volonté de Dieu

Une fois votre intelligence renouvelée, vous allez découvrir la troisième étape: la volonté de Dieu pour votre vie. Vous ne pouvez pas découvrir la volonté de Dieu dans son intégralité et sa perfection tant que vous n'avez pas présenté votre corps et laissé Dieu renouveler votre intelligence.

Regardons un instant dans le chapitre 8 des Romains:

"En effet, ceux qui vivent selon la chair ont les tendances de la chair, tandis que ceux qui vivent selon l'Esprit ont celles de l'Esprit. Avoir les tendances de la chair, c'est la mort; avoir celles de l'Esprit, c'est la vie et la paix. Car les tendances de la chair sont inimitié contre Dieu parce que la chair ne se soumet pas à la loi de Dieu, elle en est même incapable." (Versets 5-7)

L'intelligence charnelle est la façon dont nous pensons tous par nature en tant que descendants d'Adam. C'est la façon de penser de notre esprit non régénéré sur nous-mêmes et sur tout le reste. Cette façon de penser charnelle est en inimitié contre Dieu et Dieu ne révèlera pas ses secrets à ses ennemis. Dieu ne révèlera pas à votre esprit charnel son plan pour votre vie. Mais quand votre esprit est renouvelé par le Saint-Esprit par la grâce de Dieu, alors vous commencez à découvrir la volonté de Dieu pour vous.

Romains 12:2 nous montre que la volonté de Dieu viendra en trois étapes: *bonne agréable* et *parfaite*. Plus vous vous engagez dans la volonté de Dieu, meilleure elle devient.

La première chose que vous devez réaliser c'est que la volonté de Dieu est bonne. Dieu ne veut jamais rien de mauvais pour ses enfants. Le diable va essayer de vous persuader qu'en donnant votre vie à Dieu vous allez perdre , beaucoup de choses. Des choses terribles vont vous arriver. Vous allez avoir à faire de grands sacrifices. Vous n'allez plus profiter de la vie. Ce n'est tout simplement pas vrai.

Je me suis abandonné à Dieu la nuit où j'ai rencontré Jésus en 1941 et j'aimerais vous dire que ma vie est bien meilleure depuis, elle est plus riche et plus remplie, plus excitante au fur et à mesure que j'avance. J'aimerais vous assurer par expérience que la volonté de Dieu est bonne.

Nous voyons ensuite qu'elle est acceptable (en français ce terme est traduit par agréable, la Nouvelle Bible Segond donne 'agrée', n.d.t.). Mais vous devez le prendre par la foi. Vous ne pouvez pas dire: "Seigneur, si tu me laisses faire ceci ou cela alors j'accepte ta volonté." Dieu dit: "Accepte, et je te dirais ce que je te laisse faire."

Puis vous trouvez que la volonté de Dieu est *parfaite*. La révélation finale de sa volonté comprend tous les aspects de votre vie -chaque détail, chaque situation. Il n'y a rien qui soit en dehors. Vous voyez certaines choses que nous considérons comme peu importantes peuvent l'être énormément. Si nous pensons que Dieu ne s'intéresse qu'aux choses importantes nous pouvons passer à côté de lui sans le voir.

En 1963 ma première femme, Lydia, notre fille africaine adoptive Jesika et moi avons émigré aux Etats-Unis par accident. J'avais prévu d'y aller en visite mais un agent de l'immigration m'a dit que six mois c'était trop long pour une visite. Alors je lui ai demandé de m'aider en me disant ce que je pouvais faire.

"Eh bien, entrez et nous vous aiderons à immigrer" me répondit-il. J'ai donc immigré vers cette grande nation par accident. Je n'ai jamais eu l'intention de devenir citoyen américain (ce que je suis devenu plusieurs années plus tard) mais ce fut pourtant l'un des changements les plus importants et décisifs de ma vie. Si je n'avais pas été conduit par le Saint-Esprit je serais passé à côté.

Vous comprenez la nuance? Il y a des décisions pour lesquelles j'ai transpiré, prié et jeûné et elles se sont avérées sans importance. Il y en a d'autres qui sont venues par hasard. Je dirais que je n'ai jamais passé plus d'une heure pour acheter une maison. Cela a toujours été ainsi. ("C'est cette maison, quel est son prix? Je la prends.") Quand Ruth et moi allions faire les courses on aurait dit que nous avions acheté la moitié du magasin en une demie heure. Aucun d'entre nous n'aime faire les courses alors nous les faisions en une fois et nous n'y pensions plus pendant six mois. Avant d'y aller Ruth priait ainsi: "Seigneur que nous puissions être dans le bon magasin. Que nous soyons au bon endroit." Nous n'avons jamais regardé les journaux pour trouver où étaient les soldes mais nous avons toujours eu des bonnes affaires. C'est cela être conduit par le Saint-Esprit dans la volonté de Dieu.

Soyez humble
La quatrième étape pour trouver notre place se trouve dans Romains 12:3:

"Par la grâce qui m'a été donnée, je dis à chacun de vous de n'avoir pas de lui-même une trop haute opinion mais de revêtir des sentiments modestes selon la mesure de foi que Dieu a départie à chacun." Romains 12:3

Pour la plupart d'entre nous ce n'est pas une étape facile. Je vais vous le dire autrement: soyez humble et réaliste sur vous-mêmes. J'aimerais souligner que pour être réaliste sur vous-mêmes, vous devez être humble car quand vous vous trouvez confrontés à des réalités sur vous, cela vous rend humble. Le seul obstacle qui nous empêche de voir la réalité sur nous-mêmes, c'est l'orgueil. Nous regardons dans le miroir par exemple et nous disons: "Impossible, je ne ressemble pas à cela." Mais c'est ainsi. Nous devons donc apprendre à être humbles.

Pour être clair, *être* humble ne signifie pas *se sentir* humble. Dieu n'a jamais dit: "Sens-toi humble." Il a dit: "Sois humble." L'humilité est une décision que vous pouvez prendre. Jésus a donné un bon exemple. Il a dit: "Quand vous êtes invités à un banquet je vous conseille de ne pas vous mettre à la première place, parce qu'un autre invité plus important pourrait venir, et vous seriez demandé de lui céder votre place. Ce serait embarrassant. Alors quand tu te rends à un banquet assieds-toi à la dernière place. A partir de cette place, il n'y a qu'une seule direction: de monter plus haut. (voir Luc 14: 7-11)

John Bunyan le dit très bien dans un magnifique petit poème:

Celui qui est en bas ne craint pas de tomber

Celui qui est en bas n'a pas d'orgueil

Celui qui est humble aura toujours Dieu pour guide.

Vous voyez, quand vous êtes par terre vous ne pouvez pas descendre plus bas.

L'humilité implique toujours une décision - là où vous allez vous asseoir ou comment vous allez vous comporter avec les autres. Paul dit de ne pas avoir une trop haute opinion de nous-mêmes. Le premier jour où vous vous rendez à la banque pour un entretien d'embauche, ne vous attendez pas à en être le président. Quand vous vous voyez dans votre ministère potentiel ne commencez pas par vous nommer apôtre. Commencez en étant humble, un serviteur, humble et enseignable. Dieu s'occupera de votre promotion. Jésus a dit: "Quiconque s'élève sera abaissé, et quiconque s'abaisse sera élevé." (Luc 14:11) C'est votre choix.

J'ai été impressionné par un sondage proposé par un magasine bien connu. La question sur laquelle les gens devraient répondre était: quelle est la personnalité la plus influente dans le monde? Je crois qu'il y avait onze finalistes, dont l'un était le président des Etats-Unis et un autre Mère Térésa de Calcutta. Autant que je m'en souvienne presque toutes les autres personnalités étaient des acteurs ou des 'stars'. Je me suis dit: "C'est une bonne indication de la génération dans laquelle nous vivons qui ne fait pas la distinction entre la réalité et le divertissement." La plupart des gens nommés n'avaient rien à montrer par leur vie. C'était juste un jeu, une performance. C'est très dangereux.

Nous devons revenir sur terre et être réalistes. Affrontez le fait. Je suis en surpoids. Affrontez le fait. Je dis des mensonges. Affrontez le fait. J'envie les autres. Affrontez le fait.

Avez-vous remarqué que Dieu vous amène à un moment de vérité avant de vraiment pouvoir vous aider? Au moment où vous vous êtes abandonné, Dieu dit: "Maintenant je suis prêt à t'aider. Maintenant tu vois que tu as vraiment besoin de ma grâce. Avant cela tu pensais pouvoir te débrouiller tout seul. Tu ne peux pas." Quand vous êtes humble et réaliste sur vous-mêmes vous faites la découverte merveilleuse de la grâce et de l'aide de Dieu.

Reconnaissez votre mesure de foi

La fin de Romains 12:3 dit ceci: "revêtez des sentiments modestes selon la mesure de foi que Dieu a départie à chacun." C'est l'étape suivante -la cinquième dans le voyage vers votre place: vous découvrez que Dieu vous a donné une mesure spécifique de foi.

Il n'y a rien de plus gênant que les gens qui proclament avoir plus de foi qu'ils n'en ont en réalité. Cela conduit toujours tôt ou tard au désastre. L'auteur des Hébreux dit: "La foi est l'assurance ('substance' en anglais, n.d.t.) des choses qu'on espère" (Hébreux 11:1) La foi est une substance; soit vous l'avez soit vous ne l'avez pas. En parler ne vous la communiquera pas. Vous dites peut-être: "Seigneur je n'ai pas assez de foi." Il vous répond en vous disant qu'il y a des moyens pour augmenter votre foi.

Je me souviens d'un temps particulier, peu après que je sois sauvé alors que je servais dans les forces armées britanniques en Afrique du Nord. J'ai passé une année entière à l'hôpital pour une affection que les médecins ne pouvaient pas guérir. Dans cet état je disais: "Je sais que si j'avais la foi, Dieu me guérirait." Ensuite je disais toujours: "Mais je n'ai pas la foi." Quand je disais cela, j'étais dans ce que John Bunyan appelle "bourbier du découragement", la vallée du désespoir.

Un jour, un brillant rayon de lumière a percé les ténèbres de la vallée. Savez-vous ce que c'était? "Ainsi la foi *vient* de ce qu'on entend et ce qu'on entend vient de la parole de Dieu." (Romains 10:17) Si vous ne l'avez pas, vous ne pouvez pas l'obtenir! Elle *vient*. Comment? En entendant la parole de Dieu. Pas en se vantant. Pas en utilisant un langage super spirituel.

Il y a des années de cela, j'ai appelé des gens à venir devant l'autel pour prier pour eux dans une église à Copenhague, au Danemark. J'allais les oindre d'huile car ils étaient malades. J'ai demandé à un homme s'il avait la foi.

Il a répondu: "J'ai toute la foi du monde."

J'ai pensé ensuite: "Si vous avez toute la foi du monde, pourquoi êtes-vous malade?" Je savais qu'il ne serait pas guéri. Je le savais. Et comme prévu, rien ne s'est passé quand on a prié. Il avait une foi cérébrale, mais pas la substance. Il avait le discours mais il n'avait pas la réalité.

Jésus a dit que si vous avez la foi comme un grain de sénevé vous pourriez soulever une montagne (voir Matthieu 17:20). Ce n'est pas tant la quantité de votre foi qui importe que la qualité. La foi est donnée au réaliste et au humble.

Comprendre que votre foi convient à votre place

Pourquoi Dieu vous donne-t-il une mesure spécifique de foi? Voici la sixième étape de votre développement. Il a une place spécifique pour vous dans le Corps de Christ. La foi qu'il vous a donnée est faite pour votre position particulière. Si Dieu veut que vous soyez une main, il vous donnera la foi pour être une main. S'il veut que vous soyez une oreille, il vous donnera la foi pour être une oreille. S'il veut que vous soyez un orteil, il vous donnera la foi pour être un orteil.

Vous voyez, si vous êtes un orteil et que vous essayez d'être un nez, vous êtes à côté de la plaque. Il y a un décalage complet entre ce que vous essayez de faire et la foi que vous avez. Ce n'est pas parce que vous n'avez pas assez de foi. C'est parce que vous essayez d'utiliser votre foi pour quelque chose pour laquelle elle ne vous a pas été donnée. Elle a été donnée pour le travail et la place que vous avez dans le corps.

Ma main fait un merveilleux travail en tant que main. Elle ouvre ma Bible, tourne les pages, elle fait tout ce que je lui demande, plus ou moins. Mais si j'essayais de faire ce travail avec mon pied, j'aurais des problèmes.

Vous pouvez presque en conclure que si les gens se battent sans cesse pour la foi, c'est qu'ils essaient de faire le mauvais travail. C'est une main qui essaie d'être un pied. Ou un pied qui essaie d'être une main. C'est la façon dont Dieu nous guide vers notre place. Quand votre foi convient à la place que Dieu a pour vous, alors vous ne vous battez plus.

Et souvenez-vous que personne ne se suffit à lui-même. Chacun d'entre nous est membre du Corps et nous sommes membres les uns des autres. Si vous êtes un doigt, vous devez trouver la main à laquelle vous vous attacherez. Vous ne pouvez pas être un doigt tout seul dans l'espace. Si vous êtes une main, vous devez être attaché à un bras.

L'un des grands problèmes de beaucoup de chrétiens, c'est l'excès d'individualisme. J'ai une série d'enseignements sur l'épître aux Hébreux[*] et cela inclut douze formes impératives comme par exemple 'faisons'. Douze fois l'épître aux Hébreux parle à l'impératif pluriel. Il ne parle pas au singulier. C'est une décision du corps, une action du corps. Il y a beaucoup de choses que nous ne pouvons pas faire seuls. Nous devons trouver notre place dans le corps.

Apprendre comment votre place détermine vos dons

Nous en arrivons à la dernière étape, celle qui intéresse le plus les gens parce qu'elle parle des dons. Lisons dans Romains 12:

Car, de même que notre corps en son unité possède plus d'un membre et que ces membres n'ont pas tous la même fonction, ainsi nous, à plusieurs, nous ne formons qu'un seul corps dans le Christ, étant, chacun pour sa part, membres les uns des autres. Mais, pourvus de dons différents selon la grâce qui nous a été donnée, si c'est le don de prophétie, exerçons-le en proportion de notre foi; Romains 12:4–6 (Bible de Jérusalem)

---

[*] 'Le dernier mot de Dieu, une étude sur l'épître aux Hébreux', disponible comme série audio de 23 messages.

Cette expression "exerçons–le" est importante. Chercher uniquement les dons de façon abstraite, en dehors du contexte est stupide et irréaliste. Nous devons savoir ce dont nous avons besoin plus spécifiquement.

Comment savez-vous les dons dont vous avez besoin? Qu'est-ce qui détermine la réponse à cette question? Votre place dans le corps. Si vous êtes une main, vous avez besoin de dons correspondant à une main. Si vous êtes un œil, vous avez besoin des dons correspondant à l'œil. Si vous êtes une jambe, les dons d'une jambe. (Nous verrons plus en détail les différents dons disponibles pour nous dans les deux prochains chapitres sur les dons).

Il y a quelques années, non pas à ma demande mais plutôt contre ma volonté, le Seigneur m'a conduit dans le ministère de délivrance des mauvais esprits. Ce ministère m'a rendu quelque peu célèbre, impopulaire pour certains, populaire pour d'autres. De façon étrange, je suis devenu impopulaire auprès des gens qui m'entouraient auparavant et populaire auprès de ceux que je pensais ne jamais pouvoir m'aimer. C'était juste une bizarrerie. Mais quand j'ai commencé à avancer dans le ministère, j'ai découvert les dons que Dieu m'avait donnés.

Je me souviens d'une fois où un des mes amis nous a amené sa sœur à Lydia et à moi en disant qu'elle avait besoin de délivrance. J'ai regardé cette femme et je lui ai dit: "Vous avez besoin d'être délivrée de… et j'ai nommé huit esprits mauvais. Puis je me suis demandé comment je savais cela. Plus tard, j'ai réalisé que le Seigneur m'avait donné une parole de connaissance. Il ne m'a pas donné ce don inopinément. Il me l'a donné quand j'étais dans sa volonté et en train d'exercer le ministère auquel il m'avait appelé.

C'est la même chose pour vous. Vous pouvez être certains que Dieu vous donnera les dons nécessaires au ministère auquel il vous appelle. Mais ne séparez pas les dons du travail.

Exercer les dons

Nous avons donc vu que Dieu a une place pour vous et sur le chemin vers cette place, il vous équipe pour exercer votre fonction.

Vous ne trouverez peut-être pas votre place définitive immédiatement. Ce sera probablement progressif. Mais plus vous avancerez, plus vous ressentirez l'harmonie entre ce que vous faites et ce que vous avez été appelé à faire.

Une fois que vous aurez trouvé votre place, vous commencerez à exercer vos dons. Je ne vous dis pas que vous ne pouvez pas exercer de dons sans trouver votre place, mais je peux dire que les dons n'accompagneront pleinement les desseins de Dieu que lorsque vous fonctionnerez à votre place. Regardons maintenant les dons qui nous aident à fonctionner dans nos différents appels.

4

Les dons

Les outils dont vous avez besoin

"Mais, pourvus de dons différents selon la grâce qui nous a
été donnée, si c'est le don de prophétie, exerçons–le en
proportion de notre foi;
(Bible de Jérusalem) Romains 12:6

Dieu est concret. Il ne vous donnera pas une place dans
laquelle vous êtes mal équipé pour fonctionner. Il ne vous
enverra pas dans la bataille pour le royaume sans vous donner
une armure et des armes ainsi que l'entraînement dont vous
avez besoin pour les utiliser. Il ne vous confiera pas un travail
sans vous donner tous les outils dont vous avez besoin.

Les outils ce sont les *charismata*. Mon ami Bob Mumford
dit: "Rappelez-vous que les dons de l'Esprit sont des outils et
non des jouets." Beaucoup de chrétiens les utilisent comme des
jouets, il en font mauvais usage. Beaucoup d'autres veulent
faire le travail mais n'ont pas les outils. Nous devons combiner
les deux: les gens qui veulent faire le travail avec les outils dont
ils ont besoin pour le faire. En fait, l'un des grands problèmes
de l'Eglise, c'est que beaucoup de chrétiens essaient de faire le
travail fidèlement et consciencieusement sans le bon
équipement. Le résultat, c'est qu'ils sont incapables
d'accomplir ce à quoi ils sont appelés. Dans ce chapitre et dans
le suivant j'aimerais vous aider à reconnaître votre don
particulier et à élargir votre vision de l'appel de Dieu.

La racine du *charisma*

Neuf mots grecs différents sont tous traduits par le mot 'don'. Dans certaines traductions de la Bible il est donc difficile de comprendre à quoi ce mot se réfère.

Nous devons d'abord nous centrer sur l'un des neuf mots qui est *charisma*. De *charisma* vient *charismatique*, qui est un mot souvent mal employé. *Charisma* et *charismatique* viennent du mot de base *charis*. Dans le Nouveau Testament il est traduit par 'grâce'. En grec séculier il est généralement traduit par 'beauté', ou 'plein de grâce'. Je crois que cette traduction nous éclaire. Dieu nous voit beaux car nous sommes en Christ.

Un jour, alors que j'habitais en Floride, je pensais au soleil dans ce bel état ensoleillé, et cette pensée m'est venue: "Le soleil ne voit jamais les ombres parce qu'elles sont à l'opposé des objets sur lesquels il brille." C'est ainsi que je perçois Dieu. Il ne voit pas les ombres. Il brille de la lumière de sa grâce sur nous et à cause de cela, nous brillons.

Nous devons bien comprendre un fait fondamental à propos de la grâce: nous ne pouvons pas la mériter. Tout ce qui peut se gagner n'est plus grâce. Pourtant, beaucoup de gens essaient. Ils sont consciencieux. Ils vont à l'église. Ils disent leurs prières. Ils lisent leur Bible. Mais ils n'ont jamais goûté à la grâce de Dieu parce qu'ils pensent qu'ils doivent être assez bons.

Le problème c'est que vous ne serez jamais assez bon. C'est pourquoi en général les nouveaux convertis qui étaient des débauchés comprennent mieux et plus rapidement la grâce que les gens religieux. Ils savent qu'ils ne l'ont pas méritée et qu'ils n'auraient jamais dû la mériter, alors ils l'acceptent simplement. D'un autre côté, les "bonnes gens" ont du mal à arrêter d'être bons comme moyen de recevoir la grâce de Dieu.

Cela dépend dans une large mesure de votre milieu. Si vous avez été élevé dans un système social qui insiste sur le devoir, vous aurez peut-être du mal à comprendre que Dieu répand ses dons gratuitement. Ce qui est merveilleux à propos de la grâce de Dieu c'est qu'il n'en rend personne responsable. Le livre de Job dit: "Il ne rend aucun compte de ses actes." (Job 33:13) La justice de Dieu est absolue pour le travail et pour le titre, mais sa grâce est gratuite. Oh, comme la liberté de la grâce de Dieu est magnifique!

Reconnaître vos dons

Allons maintenant un peu plus loin. En ajoutant 'ma' au mot *charis*, le mot 'grâce' qui est général, devient spécifique. Ainsi *charisma* est une manifestation spécifique, une opération ou une communication de la grâce. En ajoutant 'ta' à la fin, cela fait du mot grec un pluriel. Nous voyons donc que:

Charis = grâce

Charisma = manifestation de la grâce

Charismata = de multiples manifestations de la grâce

Le but de cet enseignement sur les dons est d'élargir la vision que vous avez de votre appel et de votre mission dans le royaume. Cela peut aussi vous aider à voir que vous avez déjà un *charisma* mais que vous ne l'avez pas reconnu en tant que tel. Certains des *charismata* les plus importants ne sont pas spectaculaires. Nous avons tendance à nous focaliser sur ce qui est spectaculaire. Mais croyez-moi, certains dons peu spectaculaires sont tout aussi importants.

Le Nouveau Testament donne un nombre de *charismata* que j'ai placé sous différents chapitres: *basique, personnel, spirituel*, et *ministère*. Plusieurs de ces dons sont mentionnés dans plus d'un endroit dans la Bible. En fait, vous aurez peut-être envie de faire vos propres catégories. Dans ce chapitre nous allons parler des dons des trois premières catégories et étudier les dons des ministères dans le chapitre suivant.

Charisma de base
La justice (Romains 5:17)

La vie éternelle (Romains 6:23)

Charisma personnel
Le célibat (1 Corinthiens 7:7)

Charismata spirituels
   Les dons de révélation

La parole de connaissance (1 Corinthiens 12:8)

La parole de sagesse (1 Corinthiens 12:8)

Le discernement des esprits (1 Corinthiens 12:10)

   Les dons de puissance
La foi (1 Corinthiens 12:9)

L'accomplissement de miracles (1 Corinthiens 12:10, 28)

Les dons de guérison (1 Corinthiens 12:9, 28)

   Les dons oraux
Les langues (1 Corinthiens 12:10, 28)

L'interprétation des langues (1 Corinthiens 12:10, 30)

La prophétie (Romains 12:6)

Ministère charismata
   Personnes

Apôtres (Ephésiens 4:11; 1 Corinthiens 12:28)

Prophètes (Ephésiens 4:11; 1 Corinthiens 12:28)

Évangélistes (Ephésiens 4:11)

Pasteurs-bergers (Ephésiens 4:11)

Enseignants (Ephésiens 4:11; Romains 12:7;
1 Corinthiens 12:28)

Spécimens
Prophétie (Romains 12:6)

Ministère-service (Romains 12:7; 1 Pierre 4:11)

Enseignement (Romains 12:7)

Exhorter, encourager (Romains 12:8)

Donner, partager (Romains 128)

Conduire, diriger (Romains 12:8)

Exercer la miséricorde (Romains 12:8)

Aides, assistants (1 corinthiens 12:28)

Administration, direction (1 Corinthiens 12:28)

Hospitalité (1 Pierre 4:9)

Parler de la part de Dieu (1 Pierre 4:11)

Les deux dons de base
Ce sont les deux dons de base et je crois que tous les chrétiens les reçoivent.

La justice
Vous serez peut-être surpris de savoir que le premier don est celui de la justice. Je vais vous dire dans un instant pourquoi. Je crois que c'est celui qui vient en premier. Regardons dans Romains 5 pour confirmer que la justice est bien un don. Ce chapitre contient une comparaison entre Adam et Christ. C'est un raisonnement typiquement juif, qu'on pourrait qualifier de logique talmudique. Paul était Juif d'entre

les Juifs et ici il se laisse tenter par un commentaire juif de l'Ecriture:

"Mais il n'en est pas du don gratuit (charisma) comme de l'offense; car, si par l'offense d'un seul il en est beaucoup qui sont morts, à plus forte raison la grâce de Dieu et le don de la grâce venant d'un seul homme, Jésus-Christ, ont-ils été abondamment répandus sur beaucoup! Et il n'en est pas du don comme de ce qui est arrivé par un seul qui a péché; car c'est après une seule offense que le jugement est devenu condamnation, tandis que le don gratuit (charisma) devient justification après plusieurs offenses. Si par l'offense d'un seul la mort a régné par lui seul, à plus forte raison ceux qui reçoivent l'abondance de la grâce et du don de la justice règneront-ils dans la vie par Jésus-Christ lui seul!" Romains 5:15–17

Paul dit qu'Adam a péché une fois et que cela a amené la condamnation sur toute la race. Nous avons souvent péché mais Jésus, par un acte de justice nous a apporté à tous la justice.

La justice est un don. Si vous ne la recevez pas comme un don, vous ne l'aurez jamais. Romains 4:3, qui parle d'Abraham nous dit: "Abraham crut à Dieu et cela lui fut imputé à justice." Abraham n'a pas *acquit* la justice, cela lui fut *imputé*. Si vous voulez la justice, vous devez l'accepter comme un don qui vous est imputé sur la base de votre foi en Jésus-Christ. Soyez reconnaissant pour cela.

La vie éternelle

Le charisma suivant que tout chrétien reçoit, c'est la vie éternelle. On voit cela dans Romains 6:23: "Car le salaire du péché c'est la mort mais le don gratuit (charisma) de Dieu c'est la vie éternelle en Jésus-Christ notre Seigneur."

Je crois que logiquement, la justice et la vie éternelle sont les deux premiers dons. Vous ne vous qualifiez pas pour les autres dons -en fait vous n'êtes même pas sur la liste des qualifiés- tant que vous n'avez pas reçu le don de la justice. Sur la base du don de la justice, Dieu vous donne la vie éternelle. Vous voyez, Dieu ne peut pas donner la vie éternelle à des gens qui ne sont comme Abraham, reconnus justes.

Ce n'est pas la fin du processus. Votre gratitude vous conduit à répondre de façon appropriée et c'est une autre sorte de justice. A la fin du Nouveau Testament, dans Apocalypse 19, nous avons une description de l'Epouse de Christ. Elle est vêtue de fin lin, éclatant et pur qui est la justice des saints (voir versets 7 et 8). Cela ne se réfère pas à la justice *imputée*, qui est le don de Dieu sur la base de la foi en Jésus-Christ, mais à la justice *qui en résulte*, nos réponses en actions.

Autrement dit, Dieu vous impute tout d'abord la justice. Puis vous mettez en œuvre ce qui vous est imputé. Paul dit aux Philippiens "Travaillez à votre salut…car c'est Dieu qui produit en vous le vouloir et le faire." (Philippiens 2:12-13) Ce que Dieu fait en vous, vous le mettez en œuvre. Et de la même façon, si vous ne le mettez pas en œuvre, Dieu ne peut plus travailler. (Nous verrons cette justice mise en œuvre plus en détail dans le chapitre 10 "Accomplir votre mission".)

Le don personnel

Ce sont les deux premiers *charismata* que nous dirons de base. La catégorie suivante est celle que je dirais personnelle. C'est le don du célibat. Vous ne faites rien pour. Vous ne devenez pas ascète. Il vous est donné. Vous n'avez comme responsabilité que de le recevoir. Je dis parfois aux gens: "Quand vous demandez un don, vous avez intérêt à être spécifique. Autrement, vous pouvez en avoir un auquel vous n'avez pas pensé!"

Paul dit ceci: "Je voudrais que tous les hommes fussent comme moi; mais chacun tient de Dieu un don particulier, l'un d'une manière, l'autre d'une autre. " (1 Corinthiens 7:7)

Que veut dire Paul de lui dans ce contexte? Il veut dire non marié, célibataire. Certains des plus grands serviteurs de Dieu ont eu ce don. Paul l'avait. Jésus, si vous voulez en était un autre. Ne pensez pas que rien ne va se passer tant que vous n'êtes pas marié. Abandonnez ce point de vue parce que si vous vous mariez sur cette base, vous mariage pourrait être un échec. D'un autre côté, je ne pousse personne à rechercher le don du célibat.

J'ai moi-même été marié deux fois et j'ai été heureux en ménage. Mais remarquez que Paul était heureux de ne pas être marié. Il dit: "Je voudrais que tous les hommes fussent comme moi." Pourquoi Dieu a-t-il donné ce don à Paul? Si vous étudiez le ministère de Paul, vous conviendrez que s'il avait été marié, il n'y aurait eu que deux possibilités: soit il n'aurait pas accompli son ministère, soit son mariage aurait été un désastre. Un homme qui vivait ainsi ne pouvait pas avoir un mariage heureux.

Personnellement, j'ai tendance à penser que John Wesley avait ce don. Il aurait été bien mieux s'il ne s'était pas marié. La seule erreur qu'il ait jamais faite dans sa vie, c'est son mariage qui a été un désastre du début à la fin et ne l'a pas du tout aidé dans son ministère. Nous devons faire attention à ne pas nous laisser dicter notre conduite par des normes sociales et des coutumes.

Il y a une autre façon d'être célibataire, à laquelle Jésus se réfère quand il déclare: "Il y en a qui se sont rendus eunuques eux-mêmes à cause du royaume de Dieu." (Matthieu 19:12) Vous faire eunuque, ce n'est pas la même chose que de recevoir un don. C'est un sacrifice, une décision. Je crois que beaucoup de merveilleux serviteurs de Dieu à travers les siècles ont fait ce choix.

Les neuf dons spirituels

Nous en arrivons à ce que j'appelle les dons spirituels, les neuf dons du Saint-Esprit. Beaucoup de gens pensent que ce sont les seuls *charismata*. Ils sont importants, mais ce ne sont pas les seuls.

"Or à chacun la manifestation de l'Esprit est donnée pour l'utilité commune. En effet, à l'un est donnée par l'Esprit une *parole de sagesse*; à un autre, une *parole de connaissance*, selon le même Esprit; à un autre *la foi*, par le même Esprit; à un autre *le don des guérisons*, par le même Esprit; à un autre *le don d'opérer des miracles*; à un autre, *la prophétie*; à un autre, *le discernement des esprits*; à un autre, *la diversité des langues*; à un autre, *l'interprétation des langues*. Un seul et même Esprit opère toutes ces choses, les distribuant à chacun en particulier comme il veut." 1 Corinthiens 12:7-11

"Dieu a établi dans l'église... *le don des miracles... les dons de guérir... de parler diverses langues*." 1 Corinthiens 12:28

"Puisque nous avons des dons différents, selon la grâce qui nous a été accordée, que celui qui a *le don de prophétie* l'exerce selon l'analogie de la foi." Romains 12:6

Ces dons ont trois caractéristiques. La première, c'est que ce sont tous des manifestations. Le Saint-Esprit en lui même est invisible, mais à travers ces dons, il se manifeste. Il a un impact sur nos sens de façon à ce que nous puissions le voir, l'entendre ou le sentir.

Deuxièmement, tous ces dons sont pour le profit de tous. A travers eux, les chrétiens peuvent exercer leur ministère les uns envers les autres. Ils ont tous un but pratique.

Troisièmement, tous ces dons sont surnaturels. Ils ne sont pas le produit d'une capacité naturelle ou d'une éducation particulière. Une personne analphabète peut recevoir une parole de sagesse ou de connaissance. De même, le don de la foi va au-delà de la foi dont nous avons besoin pour le salut. Il est aussi différent du fruit de la fidélité qui vient par un processus de croissance naturelle. Le don parle de foi surnaturelle qui va au-delà de notre capacité naturelle et produit des résultats surnaturels.

Ces neuf dons peuvent se diviser en trois groupes. Le premier inclut les dons de révélation. Sous cette appellation, nous trouvons le don de connaissance, le don de sagesse, le discernement des esprits.

Le deuxième groupe comprend les dons de puissance. Sous ce chapitre se trouvent la foi, les miracles et les guérisons.

Le troisième groupe inclut les dons oraux, des dons qui opèrent obligatoirement par la voix humaine. Nous trouvons là les langues, l'interprétation des langues et la prophétie.

Certains des dons sont au pluriel dans les deux parties du grec original. Cela inclut par exemple les dons de guérisons, les dons de faire des miracles, le discernement des esprits, différentes sortes de langues. Cela montre que chaque guérison, chaque miracle, chaque discernement chaque manifestation dans une certaine langue (langage) est un don. Si un certain don se manifeste régulièrement à travers une certaine personne, nous pouvons dire que cette personne a ce don.

La parole de connaissance

Les deux premiers dons que Paul cite -la parole de connaissance et la parole de sagesse- sont concrets. Une parole de connaissance nous donne les éléments concrets d'une situation. Et une parole de sagesse nous dit comment agir par rapport à ces éléments. Pour le dire autrement, la connaissance est informative et la sagesse directive.

La parole de sagesse

Le but de la sagesse c'est de nous donner la bonne direction. Cela nous est dit dans une affirmation de Salomon dans Ecclésiaste 10:10: "S'il a émoussé le fer et qu'il n'en a pas aiguisé le tranchant, il devra redoubler de force; mais la sagesse à l'avantage du succès." La sagesse conduit quelqu'un à aiguiser le tranchant, et le résultat, c'est le succès.

Pour chacun de ces deux dons une parole est donnée; c'est une petite partie de la sagesse globale de Dieu ou de sa connaissance globale. Dieu possède toute la sagesse et toute la connaissance. Mais gloire à son nom, il ne déverse pas toute sa sagesse et toute sa connaissance sur nous parce que nous nous écroulerions sous le poids. Mais quand nous sommes dans une situation où nous avons besoin de connaissance ou de direction, et que nous ne pouvons pas l'obtenir par nos capacités naturelles, notre éducation ou nos sens, alors Dieu dans sa souveraineté nous donne une parole de sagesse ou de connaissance.

Le discernement des esprits

Je comprends le verbe 'discerner' comme la capacité de reconnaître, identifier et distinguer les différents types d'esprits qui s'opposent à nous. En ce sens, nous devons nous rappeler que le ministère chrétien est un ministère qui s'exerce dans le domaine spirituel. Dans Ephésiens 6:12, Paul dit que nous ne luttons pas contre des ennemis de chair et de sang, des personnes avec un corps, mais nous menons un combat contre un royaume spirituel mauvais, des esprits méchants. Il est vital que nous soyons équipés pour faire face à nos ennemis spirituels.

Je dirais que le but de ce don est quadruple. Premièrement, il lève le voile qui couvre le monde spirituel invisible -le monde que nous devons affronter si nous voulons être efficaces.

Deuxièmement, il nous permet de voir comme Dieu voit (voir 1 Samuel 16:7). Ce don de discernement des esprits nous permet d'aller au-delà de l'apparence extérieure et de voir l'état du cœur.

Troisièmement, il nous protège de la tromperie. Il nous est rappelé que parfois satan se présente au peuple de Dieu comme un ange de lumière. Il apparaît beau, bon et sage mais tout son dessein et son intention sont mauvais et destructeurs.

Quatrièmement, ce don nous permet de diagnostiquer les problèmes des gens et de les aider -le don est le discernement des esprits, pas simplement des esprits mauvais. Dans la vie chrétienne, nous sommes en contact avec différents types d'esprits. Je vais vous en donner quatre: premièrement l'Esprit de Dieu, le Saint-Esprit. Deuxièmement les anges bons ou mauvais. Troisièmement, les démons ou les esprits impurs et quatrièmement, l'esprit de l'homme, l'esprit humain.

L'Ecriture nous donne des exemples de la façon dont fonctionne ce don, y compris dans le ministère de Jésus. L'Evangile de Jean par exemple décrit comment Nathanaël est venu vers Jésus et a déclaré que c'était un Israélite 'chez qui il n'y avait pas de fraude' (voir Jean 1:43-51).

Jésus était probablement en train de prêcher et Nathanaël se tenait quelque part sous le figuier pour l'écouter. Mais Jésus levant les yeux au-delà de ceux qui l'entouraient a vu ce visage et à discerné en lui un esprit sans fraude. Nathanaël était étonné mais Jésus lui a dit: "Ce n'est que le commencement."

La foi
La foi est présente sous trois formes dans le Nouveau Testament. La première, c'est la foi dont nous avons besoin pour la vie de tous les jours. Paul dit: "le juste vivra par la foi". (Romains 1:17) Cette foi est une relation continue et personnelle, un engagement envers Dieu. Elle pourvoit à la capacité, la motivation et à la direction pour toute la vie chrétienne. C'est le genre de foi que tout chrétien doit avoir.

La suivante, c'est le fruit de la foi qui est cité dans Galates 5. Le fruit est toujours un aspect du caractère.

La troisième sorte de foi est le don de la foi. C'est une foi surnaturelle, une foi au-delà du niveau humain, la propre foi de Dieu qui nous est accordée selon la volonté souveraine de Dieu par le Saint-Esprit. En un sens, le don de la foi ressemble à la parole de connaissance et de sagesse. C'est une communication surnaturelle de minuscules portions de la foi de Dieu pour accomplir son plan dans une situation donnée.

Le don d'opérer des miracles

Le don d'opérer des miracles et les dons de foi sont étroitement liés; néanmoins, ils sont distincts. Les miracles sont souvent instantanés et visibles. Les résultats produits peuvent souvent se voir d'une façon ou d'une autre.

Les guérisons peuvent être graduelles et être souvent invisibles. Quelqu'un peut être guéri d'une maladie comme l'emphysème, par exemple et cela peut prendre des heures, des jours ou des semaines. Les guérisons ont lieu à des endroits qui ne peuvent pas être visibles à l'œil nu.

Les dons de guérison

Quelle est la nature de la guérison dont on parle ici? Je dirais en essence, que c'est la puissance divine, surnaturelle de Dieu qui agit à travers celui qui exerce le don dans le corps de celui qui est malade. La guérison est directement liée à la maladie. S'il n'y a pas de maladie, il n'y a pas besoin de guérison. Ainsi, la guérison, c'est la puissance de Dieu agissante à travers un croyant pour se dresser contre la maladie, la traiter et la remplacer par la santé.

Les dons de l'Esprit sont comme les couleurs de l'arc en ciel. Ce sont des couleurs différentes et pourtant elles se fondent les unes dans les autres. Les guérisons se fondent dans les miracles, et les miracles se fondent dans les guérisons, et tous deux sont à leur tour en quelque sorte liés à la foi.

Les différentes langues

Le don des langues est un don que beaucoup ont du mal à comprendre. Nous devons nous souvenir que dans la langue du Nouveau Testament le mot *langue* signifie aussi *langage*. Nous pouvons dire le don des langues ou des langages. Nous définirons le don des langues dans cette optique.

L'interprétation des langues

L'interprétation est la capacité surnaturelle donnée par le Saint-Esprit de présenter dans un langage connu la signification de quelque chose qui a été donné auparavant dans une langue inconnue. Celui qui apporte l'interprétation peut être le même que celui qui donne la manifestation dans la langue inconnue. Mais cela peut être aussi une autre personne.

Le but de l'interprétation des langues est le même que celui défini dans la prophétie. Dans 1 Corinthiens 14:4-5 Paul dit ceci:

"Celui qui parle en langue s'édifie lui-même; celui qui prophétise édifie l'Eglise. Je désire que vous parliez tous en langues, mais encore plus que vous prophétisiez. Celui qui prophétise est plus grand que celui qui parle en langues à moins que ce dernier n'interprète, pour que l'Eglise en reçoive l'édification."

Le test de l'utilisation de ces dons est de savoir s'ils édifient. Parler dans une langue étrangère édifie celui qui parle mais personne d'autre. Mais prophétiser édifie l'Eglise, l'assemblée des croyants. Prophétiser est donc considéré comme plus grand que parler en langues parce que cela édifie un plus grand nombre de personnes.

Quand les langues sont suivies par l'interprétation alors la signification de la langue est communiquée à ceux qui peuvent entendre et comprendre. Le résultat, c'est que cela accomplit le même résultat que la prophétie. Cela met donc les langues et l'interprétation au même niveau que la prophétie.

La prophétie

La prophétie est la capacité donnée à un chrétien de dire par le Saint-Esprit des paroles qui viennent de Dieu. Ces mots ne viennent pas de la compréhension ni du raisonnement ni de l'éducation du croyant.

La restauration des outils

On a souvent dit que ces dons ont été annulés à la fin de l'âge apostolique et qu'ils ne sont plus valables aujourd'hui. Nous lisons cependant que Paul remercie Dieu pour les chrétiens de Corinthe parce qu'ils "ne manquent d'aucun don dans l'attente où vous êtes de la manifestation de notre Seigneur Jésus-Christ." (1 Corinthiens 1:7) Il est évident qu'on s'attend à ce que les chrétiens exercent les dons spirituels jusqu'au retour de Christ. Dans 1 Corinthiens 12:28, Paul dit qu'entre autres dons, les miracles et les guérisons ont été 'établis' dans l'Eglise. Ces dons font partie de la vie normale de l'Eglise.

Je crois que le mot clé de la relation de Dieu avec son peuple aujourd'hui est le mot 'restauration'. Dieu redonne l'héritage que nous avons perdu à cause de l'incrédulité et de la désobéissance. L'un des aspects majeurs de ce que nous recevons c'est la restauration de ces neuf dons. J'ai été témoin des neuf dons de l'Esprit en action à travers le monde. Ce n'est pas une théorie ni une doctrine, mais la réalité. (Pour un enseignement plus approfondi sur les dons spirituels, lisez mon livre: "Les dons de l'Esprit/Le fruit de l'Esprit.")

La quatrième catégorie, les dons de ministère est le sujet du chapitre suivant.

5

Les dons de ministère

"Ne néglige pas le don spirituel qui est en toi."
1 Timothée 4:14

Le mot *ministère* est l'un de ces mots religieux dont on a du mal à cerner la signification. Un jour, alors que j'étais avec un groupe au Pakistan, l'homme de l'immigration me demanda ce que j'étais.

J'y réfléchis un instant et je répondis: "Je suis ministre". Il en a conclu que j'étais envoyé en tant que ministre du gouvernement américain. J'ai eu le tapis rouge à partir de ce moment là. J'avais été parfaitement honnête mais il m'avait mal compris.

Ce qui est vrai c'est que le mot *ministre* signifie en fait 'serviteur'. Il y a différents mots dans le Nouveau Testament pour 'serviteur'. L'un d'eux est le mot dont nous tirons *diacre* qui signifie 'serviteur'. Je crois que beaucoup d'églises seraient complètement transformées si elles appelaient leur conseil de diacres[†], "conseil de serviteurs". Ce changement de titre transformerait l'attitude des gens, en particulier celle des diacres.

Les dons personnels
Le but de ces dons est de construire et de faire mûrir le corps de Christ comme il est constitué dans son Eglise. Les cinq

---

[†] Contrairement qu'en France, aux Etats-Unis la direction des Eglises est très souvent constituée d'un conseil de diacres ('Board of Deacons'), au lieu d'anciens, ce qui est en fait un renversement des rôles de l'ancien et du diacre, l'ancien ayant normalement une autorité pour la direction spirituelle, et le diacre pour les affaires pratiques, sous l'autorité des anciens, n.d.t.

ministères essentiels sont les apôtres, les prophètes, les évangélistes, les pasteurs (ou bergers) et les enseignants. Ces ministères ont quatre fonctions principales comme le définit Paul. La première est d'équiper les chrétiens pour faire leur travail. La deuxième est d'édifier le corps. La troisième est de nous amener à l'unité. La quatrième est de produire la maturité et la plénitude. (Voir Ephésiens 4:15-16)

"Et il a donné les uns comme *apôtres*, les autres comme *prophètes*, les autres comme *évangélistes*, les autres comme *pasteurs* et *docteurs*. Ephésiens 4:11

"Et Dieu a établi dans l'Eglise premièrement des *apôtres*, secondement des *prophètes*, troisièmement des *docteurs*." 1 Corinthiens 12:28

"Puisque nous avons des dons…que celui qui a le don de *prophétie* l'exerce selon l'analogie de la foi…que celui qui *enseigne* s'attache à son enseignement." Romains 12:6-7

Les apôtres

Les deux premiers ministères parmi les cinq cités sont ceux d'apôtres et de prophètes. Le mystère du plan continuel de Dieu pour l'Eglise est révélé à travers les apôtres et les prophètes.

Nous pouvons comparer les apôtres à des architectes ou à des maîtres d'œuvre des Eglises. Les architectes doivent connaître tous les besoins à chaque stade de la construction, des fondations jusqu'à la toiture. Ils sont, de par leur profession et leur formation, responsables et redevables pour chaque aspect du projet. Dans le domaine naturel c'est l'architecte. Dans le domaine spirituel, c'est l'apôtre. Les apôtres donnent un fondement à l'Eglise et sont un canal de révélation pour l'Eglise. (Voir Ephésiens 2:20; 3:4-5)

L'apôtre est littéralement 'celui qui est envoyé'. Si vous n'avez jamais été envoyé, vous ne pouvez pas être apôtre. Aucun apôtre ne s'envoie lui-même. Beaucoup d'individus 'auto-mandatés' vont de lieu en lieu en se nommant apôtres, mais ils ne remplissent pas les conditions de l'Ecriture. Un apôtre est envoyé et il doit des comptes à ceux qui l'ont envoyé.

Les prophètes

Dans le livre de l'Apocalypse, les oliviers apparaissent comme un symbole et ils sont tout particulièrement interprétés comme l'image des prophètes. (Voir Apocalypse 11). Le ministère de prophète, c'est d'être comme un olivier qui donne continuellement l'huile fraîche de la révélation à la lampe qu'est l'Eglise, afin que les lampes sur le chandelier brillent toujours claires et lumineuses.

Un prophète est celui qui parle de la part de. Le prophète a un message. C'est un message reçu directement par révélation de Dieu et il est pour un temps, un lieu, une situation ou un groupe spécifique. C'est ce qui le différencie d'un prédicateur qui déroule les vérités générales de la parole de Dieu. Le prophète a un message spécifique.

Jonas, par exemple était plus qu'un prédicateur. Jonas aurait pu marcher dans Ninive et dire: "Si vous n'abandonnez pas votre façon de vivre, Dieu va vous juger." Cela aurait été vrai. Mais il avait une révélation spécifique. Il a dit: "Le jugement va venir dans quarante jours." Cela faisait de lui un prophète.

Les évangélistes

Le mot évangéliste vient d'un mot qui signifie 'bonne nouvelle'. Les évangélistes ont la tâche spécifique d'apporter la bonne nouvelle. Ce sont des gens dynamiques. Ils ne peuvent jamais rester longtemps quelque part parce qu'ils sont toujours en train de penser à ceux qui n'ont pas encore entendu l'Evangile.

Paul faisait l'œuvre d'un évangéliste dans son ministère d'apôtre. Son ministère apostolique comprenait celui d'évangéliste. Vous voyez, le but premier d'un évangéliste, c'est de présenter les pécheurs au Sauveur et de les amener au salut et au baptême d'eau. Quand il a fait cela, il ne reste pas pour approfondir la relation. Il continue pour trouver d'autres personnes qui n'ont jamais été en contact avec l'Evangile.

Pasteurs/bergers

Le pasteur est le berger des brebis. Le mot grec utilisé est *poimen* et il est en général traduit par 'berger'. Il n'est traduit par 'pasteur' qu'une seule fois, et cela est dans la liste d'Ephésiens 4:11, mais beaucoup de gens ne réalisent pas quand ils lisent cette liste que le mot est en fait celui de *berger*.

Je dois confesser que durant des années j'ai moi aussi fait cette confusion. J'avais l'habitude de parler régulièrement par exemple des pasteurs et des anciens comme si le pasteur était une personne et les anciens d'autres personnes. Ca a été comme un éclair spirituel quand un jour en lisant le Nouveau Testament j'ai soudain réalisé que pasteur et ancien étaient simplement deux noms différents pour la même personne, le même travail, le même ministère. Mon étude de l'ordre établi de l'Eglise du Nouveau Testament ressemblait à quelqu'un qui essaie de faire un puzzle mais qui a une pièce en trop. Peu importe comment je m'y prenais, il y avait toujours une pièce qui ne trouvait pas de place. En fait cette pièce en plus c'était bien sûr le pasteur en tant que ministère ou une personne différente des anciens. *Ancien* est un nom et *pasteur* ou *berger* en est un autre pour le même ministère.

Dans l'Ecriture les anciens étaient les surveillants et leur rôle consistait à guider l'église, le troupeau. Sans aucun doute ils étaient les leaders reconnus de l'Eglise locale. Il n'y avait personne au-dessus d'eux dans l'Eglise locale. Si quelque part dans l'arrière-plan il y avait eu un pasteur, dans le sens où nous le comprenons, alors le fait que Paul sermonne les anciens et leur donne des instructions aurait été très incorrecte. Il n'y avait aucun pasteur à ignorer dans l'arrière-plan. Ces hommes, collectivement, étaient les pasteurs ou les bergers. Ils étaient les anciens, les surveillants ou les évêques.

Les enseignants

L'enseignant est celui qui explique la doctrine au peuple de Dieu. Celui qui a ce don de ministère est essentiellement interprète de l'Ecriture.

Selon moi, il y a deux niveaux d'enseignement. Il y a le ministère envers toute l'Eglise de Jésus-Christ, l'Eglise universelle, et l'enseignement spécifique envers une assemblée locale.

L'enseignant qui exerce son ministère envers tout le corps a essentiellement un ministère public un peu similaire à celui d'un évangéliste ou peut-être d'un apôtre. Il est mobile et opère à grande échelle. Mais dans l'Eglise locale il y a ceux qui sont responsables de l'enseignement à une petite échelle pour des individus et des petits groupes.

Cet aspect de l'enseignement va de paire avec les évangélistes. Paul écrit: "J'ai planté, Apollos a arrosé mais Dieu a fait croître." (1 Corinthiens 3:6) Cette simple illustration tirée de l'agriculture nous donne un bon exemple. La plantation de la semence de la parole de Dieu c'était l'évangélisation. Mais la semence n'aurait jamais pu grandir et porter du fruit sans un arrosage conséquent. Le ministère suivant est donc celui de l'arroseur, c'est le ministère d'Apollos, l'enseignant.

Jésus, l'exemple parfait

Ces dons de ministère sont les dons d'ascension de Christ, ceux qu'il a donnés à son corps après être monté au ciel. La première mesure qu'il a prise a été de pourvoir à l'encadrement de son peuple à travers ces dons. C'est la base car le peuple qui n'a pas de chef est un peuple vaincu. Les moutons sans bergers se dispersent inévitablement. Ils deviennent des proies pour les bêtes sauvages.

Le point suivant est très important à comprendre. Ces dons sont des personnes. Dieu a fait don des apôtres. Il a fait don des prophètes. Il a fait don des évangélistes. Il a fait don des pasteurs ou des bergers. Et il a fait don des enseignants. Regardons encore une fois Ephésiens 4:7: "Mais à chacun de nous la grâce a été donnée selon la mesure du don de Christ." Le mot 'don' dans ce verset diffère du mot 'don' que nous avons étudié jusqu'à maintenant. Ici, c'est le mot grec *dorea* et j'ai une théorie sur ce verset.

Le mot *dorea* est généralement utilisé dans le Nouveau Testament pour désigner le don d'une personne divine. Il y a deux dons de cette sorte. L'un est Jésus et l'autre le Saint-Esprit. A partir de cela je pense que ces dons de personne sont les dons d'une mesure de la personne de Jésus.

Je vais vous l'expliquer ainsi. Jésus est le parfait exemple de chacun de ces dons. Il était le parfait apôtre, le parfait prophète, le parfait évangéliste, le parfait berger, le parfait enseignant. Ce qu'un homme ou une femme devient dans son ministère est à la mesure de ce que Jésus lui communique. Ainsi si votre ministère se trouve dans l'une de ces catégories, c'est Christ en vous qui accomplit son ministère de berger, d'enseignant, d'évangéliste, de prophète ou d'apôtre.

Ces dons de ministère sont différents des dons de l'Esprit. Les dons de l'Esprit sont des cas dans lesquels le Saint-Esprit se manifeste par un chrétien. Ils sont brefs et temporaires. Ils vont et viennent -comme un éclair. Mais ces dons de ministère sont des dons à vie. Qu'est-ce qui vous qualifie pour être pasteur? Ce n'est pas le fait que vous ayez fait le séminaire. C'est le fait que Jésus, le Pasteur et le Berger se donne à son peuple à travers vous. C'est la même chose pour un évangéliste et pour les autres dons.

Ces dons sont totalement souverains, ils ne dépendent pas d'un choix humain. Par exemple, on n'embauche pas un pasteur. (Que Dieu nous en garde.) Si vous avez embauché un pasteur vous avez un mercenaire. Dieu choisit le pasteur. Tout ce que nous pouvons faire, c'est de reconnaître le choix de Dieu. Le choix ne dépend pas de nous parce que l'Eglise est gouvernée d'en haut. L'Eglise n'est pas une démocratie; le chef de toutes choses est Jésus et il œuvre d'en haut. Le premier niveau de son action se situe dans ces cinq ministères, sans lesquels l'Eglise ne pourra pas fonctionner de la façon dont il l'a prévue.

Notre vision sur la formulation de ces dons, a été tordue par la tradition et le mauvais usage de ces mots. Beaucoup d'Eglises accueillent les évangélistes par exemple, mais ces mêmes églises ne font aucune place aux apôtres. Il est intéressant à cet égard que seul un homme du Nouveau Testament ait été appelé évangéliste. C'était Philippe (voir Actes 21:8). Mais j'ai compté 28 personnes appelées apôtres, quatorze avant la Pentecôte et quatorze après. Dieu a les a "établis" (1 Corinthiens 12:28) dans l'église, ce qui nous conduit à nous poser la question suivante: qui a l'autorité pour les enlever?

Les dons spécimen

Par *spécimen* je veux dire des dons qui sont spécifiques pour décrire ce qui se passait dans l'Eglise primitive. Dans ses lettres aux Romains et aux Corinthiens, Paul cite neuf dons spécimen. Pierre dans sa première lettre en donne deux de plus. Ces onze ne sont pas exhaustifs. Mais ils sont donnés dans l'Ecriture comme des exemples de l'œuvre du Saint-Esprit. En lisant cela, pensez à chacun des dons et demandez au Seigneur: "Quel charismata veux-tu que j'aie?"

Revenons à trois passages qui font mention des dons spécimen:

"Puisque nous avons des dons différents, selon la grâce qui nous a été accordée, que celui qui a le don de prophétie l'exerce selon l'analogie de la foi; que celui qui est appelé au ministère s'attache à son ministère; que celui qui enseigne s'attache à son enseignement, et que celui qui exhorte à l'exhortation. Que celui qui donne le fasse avec libéralité; que celui qui préside le fasse avez zèle; que celui qui pratique la miséricorde le fasse avec joie. Romains 12:6-8

"Et Dieu a établi… des prophètes…des docteurs…ceux qui ont le don de secourir, de gouverner." 1 Corinthiens 12:28

"Exercez l'hospitalité les uns envers les autres sans murmurer…Si quelqu'un parle que ce soit comme annonçant les oracles de Dieu." 1 Pierre 4:9-11

La prophétie

Tandis qu'un prophète est un "don de personne", tout individu peut avoir à donner une prophétie. Ce peut être une communication unique du Saint-Esprit dans une situation donnée.

Que communique une personne qui prophétise à l'Eglise? "Celui qui prophétise ... parle aux hommes, les édifie, les exhorte, les console…celui qui prophétise édifie l'Eglise." (1 Corinthiens 14:3-4) La prophétie se limite à l'édification, l'exhortation et la consolation parce que Dieu ne veut ni décourager ni abattre les croyants. Il ne déverse pas des avertissements de jugement contre les chrétiens mais contre les non chrétiens.

Le mot *édification* peut sembler un peu désuet et sonner comme un terme ecclésiastique. La plupart des gens savent ce qu'est un édifice: c'est un bâtiment. Edifier, cela signifie 'construire ou renforcer'. Cela signifie rendre les gens plus efficaces en tant que membres du Corps de Christ quel que soit leur ministère particulier. Si vous recevez le don de prophétie alors vous serez en mesure de mieux servir le Seigneur et son peuple.

Exhorter signifie 'stimuler, encourager, admonester, attiser.' Le fait d'admonester peut comporter un avertissement sévère et même une réprimande. Mais l'exhortation n'est jamais une condamnation. "Il n'y a donc maintenant aucune condamnation pour ceux qui sont en Jésus-Christ, qui marchent non selon la chair, mais selon l'Esprit." (Romains 8:1)

Consolation en langage actuel signifie encourager.

J'ai mentionné plus haut que la véritable prophétie et l'exhortation en particulier n'amenaient pas la condamnation. Je voudrais souligner encore une fois ce point parce qu'il m'est arrivé d'entendre plusieurs exemples de personnes proclamant des prophéties dont le résultat se résumait à de la confusion et de la condamnation. Ce n'est pas une manifestation véritable du Saint-Esprit. Dieu n'est jamais l'auteur de la confusion et le Saint-Esprit n'apporte jamais la condamnation sur le peuple de Dieu.

La véritable prophétie ne sert pas les intérêts du diable; elle *détruit* les desseins du diable. Si une soi-disant prophétie condamne et décourage, elle fait l'œuvre du diable. Les deux grandes armes de satan, celles qu'il utilise le plus fréquemment contre le peuple de Dieu sont la condamnation et le découragement. Si une influence, une suggestion ou un message vient sur votre vie avec un effet de découragement, ne l'attribuez pas au Saint-Esprit.

Le problème, c'est que beaucoup de chrétiens croient qu'ils sont humbles quand ils se sentent condamnés et en conséquence ils vont voir les autres pour dire combien ils sont mauvais. Pourtant, si vous êtes une nouvelle création en Jésus-Christ et que vous êtes l'ouvrage de Dieu, alors chaque fois que vous vous critiquez, vous critiquez l'œuvre de Dieu. Vous ne glorifiez pas Dieu; vous glorifiez le diable.

Ministère/service

Le mot grec pour ministère signifie 'servir'. Il est lié au mot qui donne le mot *diacre*. C'est en général une forme de service dans le domaine matériel.

Le service est le chemin vers la prise de responsabilité dans le corps de Christ. Je ne crois pas le Seigneur prenne quelqu'un et en fasse immédiatement un responsable. Jésus a appelé ses disciples à Lui et leur a dit: "Mais quiconque veut être grand parmi vous, qu'il soit votre serviteur; et quiconque veut être le premier parmi vous, qu'il soit votre esclave." (Matthieu 20:26-27)

Vous remarquerez que plus vous voulez aller haut, plus vous devrez commencer bas. Si vous voulez être simplement 'grand', vous devez devenir un serviteur. Mais si vous devez devenir 'le premier', vous devez devenir un esclave.

L'enseignement

L'enseignement, comme la prophétie est une répétition de l'un des dons de personnes que nous avons vu plus haut.

Le but de notre instruction, c'est l'amour. Je suis arrivé à croire que toute instruction qui ne produit pas l'amour manque le but. Par contre, le premier passage que nous allons voir peut modérer votre enthousiasme à chercher ce merveilleux don de ministère. C'est celui-ci: "Mes frères, qu'il n'y ait pas parmi vous un grand nombre de personnes qui se mettent à enseigner car vous savez que nous serons jugés plus sévèrement." (Jacques 3:1)

J'ai réfléchi à ce que cela signifiait et j'ai compris qu'ici l'enseignant était celui qui enseignait la doctrine. Actes 2:42 dit cela à propos des nouveaux croyants de Jérusalem: "Ils persévéraient dans l'enseignement des apôtres, dans la communion fraternelle, dans la fraction du pain et dans les prières." La première exigence de l'enseignement, c'est de persévérer dans la doctrine des apôtres. Là où les Eglises se sont détachées de la doctrine des apôtres, cela a fini dans le trouble et l'échec. Je crois que le ministère dont Jacques parlait était cet enseignement de la doctrine biblique.

Il y a deux niveaux d'enseignement. Il y a ceux qui commencent et ceux qui reproduisent. Ceux qui commencent ont la responsabilité de déterminer ce qu'ils doivent enseigner. Ceux qui reproduisent reprennent ce qu'on leur a enseigné.

Dans 2 Timothée 2:2 Paul dit: "Et ce que tu as entendu de moi en présence de beaucoup de témoins, confie-le à des hommes fidèles, qui soient capables de l'enseigner aussi à d'autres." J'ai entendu quelqu'un faire remarquer qu'il y avait ici quatre générations représentées dans ce verset. Il y a Paul, Timothée, les hommes fidèles enseignés par Timothée et les hommes fidèles qu'ils vont eux-mêmes enseigner. Ils vont enseigner ce que Paul a enseigné à Timothée. C'est en un sens rester dans la doctrine des apôtres.

Exhorter/encourager

J'ai cité ce don de ministère comme celui d'exhorter ou encourager parce que le mot grec utilisé est le mot 'encourager'. Seriez-vous d'accord pour dire que le corps de Christ a désespérément besoin du ministère d'encouragement? Je crois que le découragement est l'arme la plus grande du diable.

Le mot utilisé ici a deux significations et nous pourrions tout aussi bien dire: "remonter le moral" ou "ranimer" Si les gens sont découragés, vous leur remontez le moral. Si les gens sont fainéants ou fatigués, vous ranimez leur flamme.

Donner/partager

Le mot grec pour *donner* signifie littéralement 'partager'. Vous n'avez peut-être pas réalisé que partager est un ministère. C'est l'une des raisons pour laquelle je ne crois pas que Dieu veuille que les chrétiens soient pauvres. Dieu bénit certains chrétiens par la richesse. Pourquoi? Parce qu'il leur a donné un ministère du partage. Ils utilisent leur richesse pour le royaume de Dieu. Pour bénir d'autres serviteurs de Dieu, pour aider les œuvres d'un ministère.

Ce que je vais dire peut sembler indiscret mais j'aimerais vous dire qu'en priant pour le royaume de Dieu ces derniers temps je prie que Dieu redirige les finances de son royaume vers les personnes, ministères et œuvres qui font ce qu'il veut faire. Je vois énormément d'argent disparaître dans les 'égouts religieux' si je puis m'exprimer ainsi, et cela me peine. Donner ou partager demande un grand sens de la sagesse et la sensibilité au Saint-Esprit.

Diriger, gérer

Dans certaines traductions, le mot "conduire" est traduit par "diriger". Il signifie 'se tenir devant'.

Paul enseigne que si un homme ne peut pas diriger sa propre famille, il ne peut pas diriger l'Eglise de Dieu. (Voir 1 Timothée 3:5) C'est le même mot qui est utilisé ici. Cela signifie prendre la responsabilité pour, être un leader, se tenir devant, être un protecteur. Cela signifie se tenir entre le peuple que vous conduisez et les forces qui s'opposent à lui. Sans dirigeant, tout s'effondre.

Exercer la miséricorde

"Que celui qui pratique la miséricorde le fasse avec joie." (Romains 12:8) Comme nous avons désespérément besoin de ce ministère! Quand j'étais malade dans cet hôpital en Egypte, une chère dame de 75 ans, brigadier de l'armée du salut entreprit un voyage pénible du Caire jusqu'à Alballah pour me visiter. Cette visite a transformé ma vie. Elle a initié quelque chose de complètement nouveau en moi qui continue encore à ce jour. Comme je remercie Dieu pour cette femme qui a fait un sacrifice pour visiter un soldat britannique inconnu dans un hôpital!

C'était le ministère de la miséricorde. Depuis ce jour tout dans mon ministère peut être en partie mis au crédit de cette chère femme. Elle nous a précédés dans la gloire il y a quelques années mais j'ai toujours pensé que cela lui est imputé dans le ciel à cause de la miséricorde qu'elle m'a témoignée.

Aide, assistance

Pour les deux prochains *charismata*, nous retournons dans 1 Corinthiens 12:28 où les dons de personnes sont aussi donnés:

"Et Dieu a établi dans l'église premièrement des apôtres, secondement des prophètes, troisièmement des docteurs, ensuite ceux qui ont le don des miracles, puis ceux qui ont les dons de guérir, de secourir, de gouverner, de parler diverses langues."

Les miracles, les guérisons et les langues bien sûr sont inclus dans les neuf dons spirituels du Saint-Esprit (voir 1 Corinthiens 12:7-10). Mais nous trouvons deux autres dons au verset 28 qui sont qualifiés de don de ministère. Le premier est celui de *secourir*, le second de *gouverner*.

La signification de secourir est assez évidente. On dit en Amérique qu'il y a des chefs et qu'il y a des Indiens. Etre une aide, c'est être un Indien.

A un moment donné dans le mouvement pentecôtiste en Angleterre (quand j'y habitais dans les années 50) tout le monde voulait être chef. Personne ne voulait être une aide. Et rien ne s'est fait! Peut-être que Dieu vous a choisi pour être une aide.

Administration

Le mot *administration* est un terme intéressant. Il vient directement du mot grec qui signifie "guider". Cela ne signifie pas diriger; cela signifie le fait de guider, de tenir le gouvernail. C'est un ministère qui en déviant un peu change le cours d'un groupe, d'une réunion ou de quoi que ce soit.

C'est un *charisma* très intéressant à observer. Très souvent dans une réunion par exemple, à un certain moment Dieu veut que nous allions dans une direction alors que notre esprit va dans une autre. Nous avons décidé que nous allons chanter des cantiques ce soir. Dieu ne veut pas que nous chantions des cantiques; il veut que nous fassions quelque chose de différent. Ou bien nous avons prévu d'avoir une étude biblique ce soir mais Dieu nous appelle à prier. Le ministère de direction indique la façon dont le groupe doit fonctionner et tourne le gouvernail dans la bonne direction.

L'hospitalité

Dans 1 Pierre nous trouvons deux charismata intéressants:

"Exercez l'hospitalité les uns envers les autres, sans murmures. Comme de bons dispensateurs des diverses grâces de Dieu, que chacun de vous mette au service des autres le don qu'il a reçu. Si quelqu'un parle, que ce soit comme annonçant les oracles de Dieu.;" 1 Pierre 4:9-11

Le premier don cité dans ce passage se trouve au verset 9: "Exercez l'hospitalité les uns envers les autres." Combien d'entre nous reconnaissent que l'hospitalité, le fait de prendre soin des besoins des autres est un charisma? (Et par la même occasion combien d'entre nous sont conscients que le fait de murmurer est un péché?)

Un proverbe juif dit: "Une main lave l'autre et les deux lavent le visage." C'est ainsi que cela doit être. Tout le corps est interdépendant.

Etre le porte-parole de Dieu

Enfin, le dernier don est "dire les oracles de Dieu. (ou être le porte-parole de Dieu)" (verset 11) Certaines personnes ont le dernier mot au beau milieu d'une conversation. Après cela il n'y a plus besoin de dire quoi que ce soit. Ce n'est pas que chaque mot de cette personne soit un oracle de Dieu mais dans certains cas elle parle avec une certaine autorité qui ne peut être contredite.

Ma première femme, Lydia était ainsi. Elle disait une phrase d'environ dix mots et une fois qu'elle les avait dits, il n'y avait plus rien à ajouter. Parfois c'étaient aussi des paroles tranchantes!

Réfléchissez à tout cela

Prenez du temps et réfléchissez à ces quatre listes de dons: basique, personnel, spirituel et de ministère. En priant Dieu de vous montrer votre place, vous devez aussi lui demander de vous indiquer le charismata dont vous avez besoin et qu'il veut vous donner. Voici un modèle de prière que vous pouvez utiliser:

Père, je te remercie pour ta parole, qui est si claire, si spécifique et si pratique. En regardant ta parole j'ai commencé à voir la relation entre ma place dans le corps et tes dons charismatiques. Seigneur, je te prie qu'à partir de maintenant tu me guides vers ma place dans le corps, ainsi que dans tous les autres endroits aussi. Aide-moi à exercer la foi que tu m'as donnée pour mettre en action les dons particuliers qui sont appropriés à ma place et à ma fonction. Je m'abandonne à toi, Seigneur. Dans le nom de Jésus. Amen

Il y a une belle parole dans Ephésiens pour ceux qui ont reçu Jésus comme Sauveur:

"Car c'est par la grâce que vous êtes sauvés, par le moyen de la foi. Et cela ne vient pas de vous, c'est le don de Dieu. Ce n'est pas par les œuvres afin que personne ne se glorifie. Car nous sommes son ouvrage, ayant été créés en Jésus-Christ pour de bonnes œuvres que Dieu a préparées d'avance, afin que nous les pratiquions." Ephésiens 2:8-10

Ne vous sous-estimez jamais ni vous, ni vos dons parce que vous êtes l'ouvrage de Dieu. Souvenez-vous que si vous parlez négativement de vous-mêmes ou de vos dons, vous critiquez l'œuvre de ses mains. Le mot grec utilisé ici pour 'ouvrage' est 'poiema' qui a donné le mot poème. Cela renvoie à un chef-d'œuvre créatif. Quand Dieu a voulu montrer tout l'univers, ce qu'il était capable de créer, il nous a choisis. N'est-ce pas remarquable?

Vous êtes le chef-d'œuvre de création de Dieu, créé pour un but. Lequel? Pour de bonnes œuvres que Dieu a préparées d'avance afin que vous les accomplissiez. C'est votre appel, votre mission. Quand Dieu vous a créé en Christ il avait quelque chose à vous donner à faire. Vous ne devez jamais vous asseoir et penser: "Que dois-je faire?" Vous devez vous demander: "Seigneur, qu'est-ce que tu veux que je fasse?" Il n'y a pas une seule personne sur terre aujourd'hui, créée en Christ pour laquelle Dieu n'ait un appel spécifique.

S'il y a une personne qui connaissait bien ce principe, c'était Lydia. Son histoire est en partie racontée dans le livre

"Rendez-vous à Jérusalem." Le verset clé de sa vie a été pour elle Ephésiens 2:10: "Car nous sommes son ouvrage, ayant été créés en Jésus-Christ pour de bonnes œuvres que Dieu a préparées d'avance afin que nous les accomplissions." Un jour qu'elle se trouvait dans un hôtel à Stockholm, regardant les gens passer dans la rue elle se fit cette réflexion: "Cela fait-il une différence où ils vont et d'où ils viennent?" Dieu imprima ce verset en elle et elle réalisa que Dieu l'avait créée pour une œuvre spéciale que personne d'autre ne pourrait accomplir.

Une fois qu'elle a réalisé cela elle dit: "Seigneur, si tu m'as donné une œuvre spéciale qu'aucune autre femme ne peut accomplir, je suis prête à le faire." Dieu lui donna une mission pour le moins originale. Elle dut abandonner son statut d'enseignante au Danemark pour aller à Jérusalem sans aucune organisation missionnaire ni aucune Eglise pour la soutenir. Puis elle fut conduite à prendre un petit bébé juif et commença ainsi un orphelinat qui dura vingt ans. Lydia avait une tâche particulière. Nous avons tous une tâche particulière. Le principe s'applique à chacun d'entre nous.

Savez-vous quelles sont les bonnes œuvres pour lesquelles Dieu vous a créés? Vous ne les connaissez peut-être pas toutes mais vous commencez à avoir un peu une direction? En continuant à discerner, à grandir et à écouter, vous trouverez comme beaucoup d'autres que vous devez apprendre à laisser de côté tout ce qui peut vous empêcher de trouver votre mission dans le royaume.

Vous découvrirez aussi rapidement que l'ennemi n'est pas resté inactif durant votre exploration. Il essaiera de vous empêcher de trouver la joie et l'accomplissement de votre appel. Dans les deux prochains chapitres nous allons observer sa stratégie, comment elle se manifeste et les réponses à donner.

6

Le plus grand obstacle à l'accomplissement de votre appel

"Car ils ont dédaigné la loi de l'Eternel des armées, et ils ont méprisé la parole du Saint d'Israël." Esaïe 5:24

Dans ce chapitre, j'aimerais vous présenter ce que je considère comme la plus grande entrave à l'accomplissement de notre appel aujourd'hui. Je crois que cette force vise essentiellement les hommes -et plus particulièrement les hommes destinés à être des leaders dans l'Eglise. Si je vous laissais deviner, je ne crois pas que vous pourriez trouver.

La force particulière qui empêche les chrétiens hommes et femmes d'accomplir leur appel et leur destinée en Dieu, c'est la *sorcellerie*. C'est le plus grand ennemi de Dieu. Elle lie des millions d'individus et les empêche d'accomplir leur appel et d'être efficaces dans l'armée de Dieu. Je crois que la sorcellerie est un phénomène mondial; elle peut s'adapter au contexte culturel dans lequel elle opère.

Paul nous donne une vision intéressante de cette puissance à l'œuvre dans l'Eglise. Le texte que nous allons tout d'abord voir se trouve dans Galates 3.

"O Galates insensés, qui vous a ensorcelés, vous devant les yeux de qui Jésus Christ a été dépeint, crucifié au milieu de vous?" Galates 3:1 (Darby)

En 1963, je suis arrivé comme pasteur dans une Eglise d'une ville de la côte ouest des Etats-Unis. On m'avait dit que le conseil de l'Eglise m'avait nommé à l'unanimité. Comme j'étais à cette époque sans méfiance et peu familier de la vie d'Eglise américaine, j'ai sauté à pieds joints dans le piège du diable. Il y avait douze membres dans le conseil et quand je suis arrivé, j'ai découvert qu'ils étaient les douze seuls membres de l'Eglise! Dans le mois qui a suivi, tous les membres se sont retirés du conseil. Je me suis retrouvé dans une situation difficile et précaire. J'ai vraiment été désarçonné par l'attitude de cette petite Eglise. Bien qu'ils soient pentecôtistes, c'étaient comme s'ils étaient abattus et incapables d'être heureux et libres.

Je n'avais jamais expérimenté une telle situation de ma vie et je me suis tourné vers Dieu, désespéré. Il m'a donné Galates 3:1. Il m'a dit: "Ils sont ensorcelés." Et j'ai dû le croire. Il n'y avait pas d'autre explication à l'état de ces gens.

J'ai rapidement découvert comment ils avaient été ensorcelés. La femme de l'ancien pasteur était une femme douée mais dominatrice. Deux ou trois ans auparavant, elle avait divorcé de son mari (le pasteur), le responsable du conseil avait divorcé de sa femme et la femme du pasteur et le responsable du conseil s'étaient remariés ensemble. Si vous pouvez vous en sortir avec ce genre de comportement dans une Eglise pentecôtiste, c'est qu'il doit y avoir une explication inhabituelle. Elle avait tellement assujetti ces gens qu'ils n'osaient pas résister quand elle disait ou faisait quelque chose. C'était une situation pour le moins surprenante.

Quand j'ai réalisé que j'avais affaire à de la sorcellerie, j'ai commencé à chercher Dieu pour avoir des réponses bibliques et des armes scripturaires. En fin de compte, Lydia et moi avons triomphé de cette situation. Nous avons vaincu la sorcellerie dans l'Eglise et nous avons vu le retour de la bénédiction de Dieu.

Mais ce fut une leçon personnelle cuisante. Avant cette expérience je n'aurais jamais pensé que les chrétiens pouvaient être ensorcelés. Et pourtant c'était là, dans Galates 3:1. "Qui vous a ensorcelés?" Si vous lisez les versets qui suivent vous verrez que ces gens étaient sauvés et baptisés dans le Saint-

Esprit. Ils avaient été témoins des miracles de Dieu et pourtant ils étaient ensorcelés. Si cela pouvait arriver aux Galates, pourquoi ne pas présumer qu'il y a un chrétien à qui cela ne peut pas arriver?

La nature de la sorcellerie

J'aimerais vous en dire un peu plus sur la nature de la sorcellerie- tout d'abord en général, puis dans l'Eglise.

Nous trouvons trois mots dans ce domaine: *sorcellerie, divination* et *envoûtement*. Une traduction de la Bible utilise le mot sorcellerie, une autre pourra utiliser divination ou envoûtement. Ce sont essentiellement les trois aspects d'un même mot, avec une petite différence.

La *sorcellerie* est une force dominatrice. Elle opère en dehors de l'Eglise dans le monde naturel par des malédictions et des sorts. Et je vous le dis: les malédictions et les sorts sont très réels.

La *divination* concerne essentiellement le fait de dire la bonne aventure. Elle cherche à dévoiler l'avenir. Si on vous fait les lignes de la main ou si vous allez voir une diseuse de bonne aventure, vous allez voir un devin, quelqu'un qui pratique la divination. Je vous rappelle que si nous avions vécu en Israël sous la loi de Moïse, la peine pour être allé consulter un devin était la mort!

L'envoûtement opère à travers des objets tels que les charmes, les talismans ou les drogues. Toute la culture de la drogue est un genre de sorcellerie. L'envoûtement agit aussi à travers la musique. Un grand nombre de musique rock actuelle est simplement une mise en œuvre de la sorcellerie. Elle ensorcelle les gens. Regardez les yeux des jeunes quand ils sont allés écouter ce genre de musique. Ils sont vitreux. Ils sont hors de portée de la réalité. Il y a une puissance satanique derrière cette musique qui les captive.

Ce n'est pas nouveau dans le monde. Il vous suffit d'aller en Afrique, par exemple et d'avoir un contact avec un docteur sorcier. Vous y trouverez tous ces aspects - les malédictions, les sorts, la divination, l'utilisation de charmes ou de musique pour captiver les gens. La plupart de la musique à base de percussions que nous avons aujourd'hui chez les jeunes vient d'Afrique. Elle a fait le tour du monde en passant par l'Amérique du Sud à l'Amérique du Nord. Et ensuite elle a pratiquement envahi le monde.

Le lien avec la rébellion

Je vais utiliser le terme sorcellerie à partir de maintenant mais comprenez que cela couvre tout le spectre: sorcellerie, divination ou envoûtement.

La sorcellerie est en rapport étroit avec la rébellion: "Car la rébellion vaut bien le péché de divination." (1 Samuel 15:23) Là où vous trouvez de la rébellion vous finirez par trouver de la sorcellerie. Ces paroles ont été dites par le prophète Samuel au roi Saül parce qu'il avait délibérément désobéi à la parole de Dieu. Samuel rejette le roi et lui dit: "Ta rébellion contre la parole de Dieu est comme la sorcellerie." Ce n'est pas un hasard si juste avant sa mort le roi Saül a consulté une voyante. C'est la cause et l'effet.

En Amérique, par exemple, la génération des jeunes des années 60[‡], était une génération largement vouée à la drogue et ce genre de vie est une vie de rébellion. Ils étaient rebelles à leurs parents, au gouvernement, aux institutions, à l'Eglise etc. Et pratiquement sans exception, ils ont fini dans l'occulte.

La relation entre la rébellion et la sorcellerie est importante à comprendre. La rébellion instaure une autorité illégitime; c'est-à-dire que ce n'est pas celle de Dieu. La sorcellerie est la puissance qui soutient la domination illégitime. Là où il y a une

---

[‡] Les Français s'en souviennent sans doute encore des événements de 'Mai '68'.

domination illégitime vous verrez que cela opère à travers la sorcellerie.

Dans Galates 5:20, Paul cite la sorcellerie comme étant une œuvre de la chair, c'est donc un aspect de la nature de l'homme déchu. L'homme a été créé par Dieu pour dominer -mais il a été créé pour dominer sous l'autorité de Dieu. Quand il s'est rebellé contre l'autorité de Dieu, il a perdu le droit de diriger mais il n'en a pas perdu le désir. Une fois déchu, il ne pouvait qu'utiliser une puissance illégitime pour diriger.

Ce qui est donc initialement un aspect de la nature déchue - le désir de manipuler les gens et de leur faire faire ce que vous voulez- expose ces personnes aux forces spirituelles de la sorcellerie. Ils ne sont donc plus des agents libres. Ils ne font plus les choses parce que cela correspond à leur caractère; ils le font parce qu'ils sont contrôlés par un esprit qui les pousse à le faire.

Nous en arrivons à la situation spirituelle dont il nous est parlé dans Galates 3:1 où une force mauvaise était à l'œuvre dans l'Eglise de Galatie. Ce n'était pas simplement la nature humaine déchue -même si la porte d'entrée est la nature humaine déchue- mais c'était une puissance des ténèbres mauvaise et satanique qui les frustrait de tous les desseins de Dieu pour cette Eglise.

Les mots qui viennent à l'esprit quand on parle de sorcellerie sont: *contrôle domination, manipulation* et *intimidation*. Quand vous rencontrez ces choses, des gens qui contrôlent les autres, qui les dominent, qui les manipulent, qui les intimident- vous avez affaire avec satan. Dieu n'utilise pas ces méthodes. Dieu permet la liberté individuelle. La sorcellerie la supprime. La sorcellerie préfère dominer, mais si elle ne peut pas dominer, elle va manipuler. Cela existe dans toutes sortes de cadres. Voici quelques exemples de la vie ordinaire.

Mari et femme

Dieu a ordonné que la femme soit sous l'autorité de son mari. Bien sûr, je reconnais tout à fait qu'il puisse malheureusement y avoir des abus de la part du mari, et dans ces temps de divorces endémiques et d'abdication de l'homme beaucoup de femmes ont été obligées d'être le chef de leur foyer pour élever les enfants et payer les factures quand les maris sont absents. Mais quand une femme prend intentionnellement le rôle de chef dans une famille, vous trouverez de la sorcellerie parce qu'elle le fera en général par manipulation.

La femme peut manipuler de nombreuses manières. Chaque fois que son mari dit ou fait quelque chose qu'elle n'aime pas elle peut faire une crise. Cela va épuiser nerveusement son mari. Alors pour éviter la crise, il évite la question et sa femme arrive à ses fins.

J'ai eu une fois la situation d'une femme chrétienne mariée à un pasteur. Ils avaient cinq enfants et c'étaient vraiment des chrétiens engagés. Mais elle avait un arrière plan occulte avant de devenir chrétienne et elle n'était pas complètement libre de cette influence. Sans le réaliser, elle dominait sa famille.

Une façon comment cela se manifestait était que, quand quelque chose dans la famille ne lui plaisait pas, elle se mettait à avoir une énorme migraine. Toute la famille devait alors marcher sur la pointe des pieds parce que 'Maman avait la migraine'. Pour éviter les douleurs insupportables des migraines de la mère tout le monde cédait. C'est de la manipulation. La plupart du temps la manipulation n'est pas une décision consciente. Elle arrive parce que quelque chose chez la personne lui fait faire ces choses.

Parents et enfants

Dieu a donné aux parents l'autorité sur leurs enfants, mais souvent ce sont les enfants qui dirigent les parents et ils le font par manipulation. Par exemple, le petit Jean n'arrive pas à ses fins alors il pique une colère -en particulier devant des invités. Sa mère et son père sont si gênés qu'afin de le faire taire ils lui donnent ce qu'il veut. Qu'est-ce que c'est? De la manipulation.

Parents, si vos enfants piquent des crises de colère plus de deux ou trois fois il est possible qu'un esprit démoniaque entre en eux durant ces crises. Après cela, vous ne serez plus manipulé par votre enfant mais par l'esprit qui est dans votre enfant -et même un très petit enfant peut avoir un esprit très fort. Ne jugez jamais la force de l'opposition par la taille ou l'âge de l'enfant. Ce n'est pas l'enfant mais l'esprit dans l'enfant qui a le contrôle.

Je tremble quand je vois des parents qui permettent à leurs enfants de laisser exploser leur colère. Un frère dans le Seigneur d'Inde a reconnu que c'était courant chez les enfants asiatiques. La plupart de ces enfants ont des démons qui entrent en eux parce qu'ils ne sont pas retenus.

La discipline parentale vise à protéger les enfants de forces spirituelles qui sont trop fortes pour eux pour qu'ils puissent y résister. Si les parents n'exercent pas la discipline, les enfants sont exposés à ces forces spirituelles.

Le pasteur et l'Eglise

Quelque chose qu'on voit souvent dans les Eglises est qu'une prophétesse dirige l'Eglise par ses prophéties. Vous seriez surpris de voir combien de pasteurs dans les petites Eglises pentecôtistes sont dominés par une ou deux femmes. Ces deux femmes sont toujours les deux seules à avoir l'interprétation des langues et en général leur interprétation dit au pasteur ce qu'il doit faire. Et malheur à ce malheureux jeune homme s'il se sépare de ses prophétesses.

Il y a beaucoup d'autres exemples mais ceux-ci nous montrent que l'autorité illégitime est soutenue par une puissance spirituelle illégitime, qui est la sorcellerie.

Comment la sorcellerie vainc l'Eglise

La Bible mentionne deux principaux types de sorcières - homme ou femme. Le mot sorcière se trouve être féminin. Le mot masculin est sorcier. Comme le mot sorcière est plus familier dans les cercles religieux, nous avons tendance à penser à la sorcellerie comme quelque chose d'exclusivement féminin mais c'est une position incorrecte parce que le premier vrai sorcier de la Bible était un homme. Son nom était Balaam.

Balaam était un devin, un medium, un voyant et un chaman. Il avait été mandé par Balak, le roi de Moab pour maudire Israël. Balak lui dit: "Car je sais que celui que tu bénis est béni et celui que tu maudis sera maudit." (Voir Nombres 22 -24 pour l'histoire dans son ensemble). Beaucoup de gens en Afrique disent la même chose au chaman. "Si tu bénis ma famille, je serai béni; et si tu maudis mon ennemi, il sera maudit." C'est essentiellement dans ce domaine qu'opère la sorcellerie.

On trouve un exemple de sorcellerie féminine en Jézabel, la femme du roi Achab qui manipula son mari et régna sur le royaume à travers lui. L'une de ses actions les plus caractéristiques fut de prendre le sceau de son mari et de signer l'arrêt de mort de Naboth dont elle voulait prendre la vigne. (Voir 1 Rois 21). C'est de la sorcellerie. C'est prendre l'autorité de l'homme et l'utiliser pour promouvoir les desseins de la femme.

Ces deux types de sorcellerie, masculine et féminine présents dans l'Ancien Testament, sont mentionnés dans le Nouveau Testament dans le contexte de l'Eglise. Pas en dehors de l'Eglise mais dans l'Eglise. Balaam est mentionné dans 2 Pierre 2:15 en rapport avec les faux prophètes. Balaam est aussi nommé dans le même contexte dans Jude 11 et est cité comme l'une des influences démoniaques de l'une des sept Eglises de l'Apocalypse (voir Apocalypse 2:14). On parle de Jézabel dans Apocalypse 2:20 par rapport à une autre Eglise.

"Mais ce que j'ai contre toi, c'est que tu laisses la femme Jézabel, qui se dit prophétesse, enseigner et séduire mes serviteurs, pour qu'ils se livrent à l'inconduite et qu'ils mangent des viandes sacrifiées aux idoles."

Je le note parce que je veux que vous compreniez que même si ces types de sorcellerie sont en dehors du peuple de Dieu, leur but final est de s'insinuer dans le peuple de Dieu.

En observant les agissements de ces deux types de sorcellerie, nous comprenons vite les deux techniques qu'elles utilisent: si la sorcellerie ne peut pas nous vaincre directement elle cherchera à nous détruire de l'intérieur. Regardons l'exemple de Balaam. Tout d'abord, la sorcellerie cherche à maudire le peuple de Dieu directement. Balaam a été sommé de maudire Israël mais tant qu'Israël obéissait à Dieu, Dieu n'a pas permis à Balaam de les maudire. Chaque fois que Balaam essayait de les maudire il finissait par les bénir contre son gré et celui du roi Balak qui l'avait mandaté.

Si vous lisez attentivement la Bible en mettant plusieurs passages en parallèle, vous verrez que Balaam n'a pas abandonné. C'est typique. Sachant qu'il ne pouvait pas maudire Israël directement il a essayé une deuxième approche. Il a recommandé au roi Balak de persuader Israël d'accueillir les femmes moabites en leur sein pour leur faire adorer leurs idoles. Quand le roi a réussi à amener le péché au milieu d'eux, la malédiction est venue sur Israël de la part de Dieu et non plus de Balaam.

C'est ainsi que fonctionne la sorcellerie. Si elle ne peut pas vous vaincre directement, elle va chercher à vous amener vers quelque chose qui amènera la malédiction de Dieu sur vous à cause de la façon dont Dieu a ordonné l'univers.

La cinquième colonne

Vous voyez l'Eglise n'est jamais vaincue de l'extérieur. Jésus a dit de sa propre expérience: "Car le prince du monde vient. Il n'a rien en moi." (voir Jean 14:30) Comme le diable n'avait rien en lui, il ne pouvait pas le vaincre. Si l'Eglise pouvait dire: "le diable n'a rien en nous," elle serait invincible. Le diable vainc l'Eglise à travers la cinquième colonne.

Laissez-moi vous expliquer l'origine de l'expression *cinquième colonne*. Il se trouve qu'en 1936, je faisais une randonnée avec un ami. J'avais 21 ans et nous allions de France en Espagne en traversant les Pyrénées. Nous nous sommes retrouvés en Espagne en pleine guerre civile, ce que nous n'avions pas prévu. Dans cette guerre civile, il y avait deux factions espagnoles différentes qui se battaient entre elles; c'est celle du général Franco qui a vaincu.

On raconte cette histoire à propos d'un certain général espagnol qui attaquait une ville espagnole. Un autre général vint le voir et lui dit: "Dites moi général, quel est votre plan pour prendre cette ville?

Le premier général répondit: "Eh bien j'ai quatre colonnes qui avancent sur la ville venant du nord, du sud, de l'est et de l'ouest. Puis il fit une pause et ajouta: "Mais c'est avec ma cinquième colonne que je compte prendre la ville."

Le second général demanda: "Où se trouve votre cinquième colonne?"

Le premier général répondit: "A l'intérieur de la ville."

La cinquième colonne est le groupe de traîtres à l'intérieur qui livre la ville aux assaillants de l'intérieur. Il n'y a que la cinquième colonne dans l'Eglise qui puisse nous vaincre. Nous ne serons jamais vaincus de l'extérieur que ce soit individuellement ou collectivement.

Si je peux dire: "Le diable n'a rien en moi", alors le diable ne peut me vaincre d'aucune façon. Si nous pouvions dire en tant que groupe de chrétiens: "le diable n'a rien en nous", il n'aurait aucun pouvoir contre nous. C'est pourquoi la stratégie permanente du diable consiste à s'insinuer lui, ses agents et ses forces au milieu de l'Eglise chrétienne.

Dans le chapitre suivant nous allons passer du général au particulier et observer les effets de la sorcellerie dans l'Eglise.

7

L'ennemi dans l'Eglise

"Malheur à ceux qui appellent le mal bien." Esaïe 5:20

Quand Paul mit les Galates face au fait qu'ils étaient ensorcelés, il commença par ces trois mots: "O Galates insensés!"Personne n'aime être traité d'insensé! Mais nous devons admettre qu'il y a beaucoup de chrétiens insensés.

Paul n'a pas mâché ses mots, et comme nous l'avons vu dans le chapitre précédent, il a révélé leur folie: "O Galates insensés! Qui vous a ensorcelés?" Le mot grec pour *ensorceler* (traduit dans la plupart des traductions françaises avec 'fasciner', n.d.t.) signifie littéralement 'frapper de l'œil'. Cela se réfère au "mauvais œil". Un prêtre orthodoxe grec vint me voir il y a quelques années. Il était baptisé du Saint-Esprit. Il venait me voir pour obtenir de l'aide parce que quelqu'un lui avait mis le mauvais œil. Et il utilisa le même mot que dans les Galates, *baskaino*, en essence quelqu'un qui a délibérément mis sur lui une malédiction. Marc 7:21-23 dit:

"Car c'est du dedans, c'est du cœur des hommes que sortent les mauvaises pensées, prostitutions, vols, meurtres, adultères, cupidités, méchanceté, ruse, dérèglement, regard envieux, blasphème, orgueil, folie. Toutes ces choses mauvaises sortent du dedans et rendent l'homme impur."

Le prêtre était bien conscient que le mauvais œil était réel. Regardons un peu plus loin dans le texte des Galates:

"O Galates insensés, qui vous a ensorcelés, vous devant les yeux de qui Jésus Christ a été dépeint, crucifié au milieu de vous? Je voudrais seulement apprendre ceci de vous, avez–vous reçu l'Esprit sur le principe des oeuvres de loi, ou de l'ouïe de la foi? Etes–vous si insensés? Ayant commencé par l'Esprit, achèveriez–vous maintenant par la chair?" Galates 3:1-3, Darby

Quels que soient les résultats produits par les Galates, ils étaient le résultat de la sorcellerie.

L'expression de la sorcellerie

Quel nom donnerions-nous au problème des Galates en langage théologique moderne? Le mot est *légalisme*. Quand j'ai réalisé que le légalisme était l'expression de la sorcellerie dans l'Eglise, cela m'a vraiment choqué parce que je voyais toute la nature et l'œuvre de l'Eglise d'une façon complètement différente.

Vous semble-t-il possible que le légalisme soit peut-être le premier problème des chrétiens? Vous semble-t-il encore plus improbable que ce problème soit un aspect de la sorcellerie? Vous vous dites peut-être: "C'est impossible frère Prince." Mais alors nous devons nous demander si nous sommes meilleurs que les Galates. C'était une véritable Eglise du Nouveau Testament, remplie de l'Esprit et témoignant de miracles. L'apôtre Paul prêchait chez eux en personne. Combien d'Eglises actuelles peuvent dire qu'elles sont de loin supérieures à celle des Galates?

Le légalisme est en général un terme péjoratif que nous utilisons pour décrire des gens qui ne sont pas d'accord avec nous. Je vais vous donner deux définitions possibles du légalisme. Premièrement, le légalisme c'est 'chercher à accomplir la justice en observant des règles ou des lois.'

La plupart des traductions du Nouveau Testament disent que la justice ne vient pas par l'observation de la loi. Remarquez que le 'l apostrophe' a été rajouté par les traducteurs. Le texte dit exactement ceci: *la justice ne vient pas en observant (une) loi.*

Le modèle de loi, c'est la Loi de Moïse mais cela ne se limite pas à la loi de Moïse. Autrement dit, la loi de Moïse est le modèle en matière de loi parce que c'était une loi divine, une loi parfaite. C'était la loi donnée par Dieu. Si la justice ne peut pas être accomplie par la Loi de Moïse, alors il n'y a aucune autre loi qui puisse produire la justice.

La deuxième définition possible du légalisme est: 'ajouter aux exigences de Dieu pour obtenir la justice.' C'est demander aux gens de faire plus que ce que Dieu leur demande, ce qui revient en fait à se mettre à la place de Dieu. Si Dieu dit que c'est tout ce que nous avons à faire, alors aucune Eglise, aucun ministère ni aucune religion n'a l'autorité d'ajouter une seule autre exigence.

La séduction interne de la sorcellerie

Pour comprendre comment œuvre la sorcellerie, regardons encore une fois à ce que Paul dit au verset 1: "O Galates insensés, qui vous a ensorcelés, vous devant les yeux de qui Jésus Christ a été dépeint, crucifié au milieu de vous?" Galates 3:1, Darby

Ces paroles impliquent que la sorcellerie œuvre en aveuglant le peuple de Dieu sur ce qui a été accompli par la mort de Jésus sur la croix. Etant aveuglés, il nous faut nous tourner vers d'autres sources de justice.

Trois aspects de ce que Jésus a accompli sur la croix sont pertinents ici; ils relèvent tous de la loi. Premièrement, il a aboli la loi comme moyen d'accomplir la justice envers Dieu une fois pour toutes: "Car Christ est la fin de la loi, en vue de la justice pour tout croyant." (Romains 10:4) Qu'on soit catholique, protestant, juif ou gentil c'est la même chose pour tout le monde. Une fois que vous êtes devenu croyant, vous êtes coupé de la loi comme moyen d'accomplir la justice de Dieu.

Deuxièmement, et beaucoup de gens n'apprécient pas ce fait, ce que Jésus a expérimenté sur la croix est la démonstration du jugement de Dieu sur notre nature déchue et charnelle. Romains 6:6 dit: "Notre vieil homme (notre nature charnelle) a été crucifié avec lui." La miséricorde de Dieu c'est qu'au lieu de nous le faire à nous, il l'a fait à Jésus. Mais si vous voulez savoir ce que Dieu pense de notre nature charnelle non régénérée, imaginez Jésus sur la croix parce que c'est le dernier mot de Dieu à ce sujet. La croix a été faite pour notre nature charnelle et c'est à la croix que se trouve sa place. Nous discuterons du sujet de la nature humaine plus en profondeur dans les chapitres 9 et 10.

Troisièmement, le message de la croix s'applique à notre façon de vivre. La croix, ce n'est pas simplement quelque chose d'extérieur où notre rédemption a été achetée. C'est aussi un principe intérieur qui doit s'appliquer à nos vies. Paul dit dans Galates 5:24: "Ceux qui sont au Christ Jésus ont crucifié la chair avec ses passions et ses désirs." Nous ne pourrions pas faire cela si Dieu ne l'avait pas fait avec Jésus. Le principe de la vie crucifiée -le refus du moi, le déni de la volonté de la chair- fait partie de l'œuvre que Jésus a accomplie sur la croix.

Quand les gens sont aveuglés par la sorcellerie sur la réalité de la croix, ils perdent ces trois dimensions. Ils ne comprennent plus que Dieu a aboli les lois comme moyen d'accomplir la justice. Ils ne comprennent plus que la croix représente la façon dont Dieu estime notre nature charnelle. Et ils n'appliquent plus le principe de la vie crucifiée -déni de la chair- à leur propre vie. Ils deviennent charnels, indulgents vis-à-vis d'eux-mêmes, satisfaits d'eux-mêmes, cherchant leur propre plaisir.

Le grand attrait du légalisme
Le légalisme a une grande emprise sur l'esprit humain: elle fait appel à notre orgueil humain. C'est pourquoi les gens l'aiment. C'est pourquoi les gens peuvent être passionnément engagés dans une religion légaliste.

J'ai vécu au Moyen Orient durant des années, parmi les musulmans et je suis assez familier des détails de l'islam. J'ai dit à plusieurs reprises qu'il n'avait jamais rendu une personne heureuse en quatorze siècles. Pas une seule. C'est une religion de misère, de rigidité, d'esclavage. Pourquoi les musulmans sont-ils si passionnément engagés envers elle? Parce que cela plaît à leur orgueil. Ils peuvent citer tout ce qu'ils ont fait pour gagner l'approbation d'Allah.

Cette pratique n'est bien entendu pas limitée aux musulmans. C'est un trait de presque tous les religieux du monde. Nous devenons fiers de nos bonnes œuvres, et nous devenons comme Caïn qui a offert à Dieu le fruit de son sol, que Dieu a maudit. C'est l'image de notre vieille nature à l'œuvre. Notre vieille nature est sous la malédiction de Dieu et quoi que nous lui donnions qui vienne d'elle, c'est une offrande de quelque chose qu'il a déclaré maudit. Il n'y a aucun moyen pour que ce soit un jour accepté par Dieu.

Paul dit souvent: "C'est par la grâce en effet que vous êtes sauvés, pas par les œuvres afin que personne ne se glorifie." (Ephésiens 2:8-9). Vous trouverez cette affirmation au moins trois ou quatre fois dans le Nouveau Testament. Je me suis toujours demandé pourquoi il avait dit: "afin que personne ne se glorifie." Puis soudain j'ai compris: Les gens aiment le légalisme, parce que cela leur donne une raison de se glorifier. C'est comme le pharisien qui disait: "Je jeûne deux fois par semaine, je donne la dîme de tous mes revenus. Je ne commets ni l'adultère, ni le vol, ni l'injustice." (Luc 18:11-12) Mais il n'était pas justifié. Si nous pensons que nous pouvons offrir quelque chose à Dieu, quelque chose d'acceptable venant de notre nature charnelle, nous disons en fait à Dieu que Jésus n'avait pas besoin de mourir.

Paul dit que si la justice peut venir à travers la loi, alors Christ est mort pour rien. (voir Galates 2:21) Et quand nous disons cela à Dieu, nous encourons sa défaveur parce que tout ce que nous faisons pour déshonorer Jésus encore la défaveur de Dieu. Cela ne veut pas dire que Dieu nous bannira de sa présence mais nous ne pourrons pas vivre dans sa faveur tant que nous amoindrirons de quelque manière que ce soit ce que Jésus a accompli sur la croix.

Voici un fait intéressant: Paul a écrit à un nombre différent d'Eglises -aux Romains, aux Corinthiens, aux Colossiens, aux Ephésiens etc. Dans pratiquement chacune de ses lettres, il commence par remercier Dieu pour le peuple auquel il écrit, même pour les Corinthiens. A Corinthe, un homme vivait avec la femme de son père, et il y avait de l'ivresse à la table du Seigneur. Mais Paul remercie quand même Dieu pour sa grâce envers son peuple.

Mais quand il écrit aux Galates, il est tellement énervé qu'il laisse tomber tout ça. Sa première phrase est: "Je m'étonne que vous vous détourniez si vite de celui qui vous a appelés par la grâce de Christ." Ils n'avaient pas commis l'adultère. Ce n'étaient pas des ivrognes. Quel était leur problème? Le légalisme. Et c'était bien plus grave aux yeux de Paul que ces péchés visibles de la chair que les gens religieux sont si prompts à condamner.

Les conséquences du légalisme

Regardons les conséquences sur notre appel et sur l'accomplissement de notre mission quand la sorcellerie attire le peuple de Dieu vers le légalisme.

Tout d'abord ceux qui ne voient plus à cause de la sorcellerie l'œuvre de la croix se confient dans leurs propres efforts et se retrouvent donc de nouveau sous la loi.

Deuxièmement, le légalisme ne laisse pas place au surnaturel de Dieu. Paul dit ceci à propos des miracles: "le fait-il donc parce que vous pratiquez la loi ou parce que vous écoutez avec foi?" (Galates 3:5) Bien sûr, la réponse c'est que les miracles viennent parce qu'on écoute avec foi. Quand l'Eglise devient légaliste, sous l'influence de la sorcellerie, elle perd toute démonstration du surnaturel. Le problème c'est le légalisme parce que Dieu n'accordera pas le surnaturel aux efforts de notre nature charnelle. Ils ne nous qualifieront jamais. L'étape suivante de cette décadence, ce sont des théologiens qui commencent à nous dire que Dieu a banni le surnaturel, qu'il n'était que pour les temps apostoliques. Nous péchons d'abord en rejetant le surnaturel et nous ajoutons à notre péché en expliquant que Dieu l'a supprimé. C'est un mensonge -un mensonge théologique- pour couvrir notre propre échec.

Troisièmement, le fait de revenir sous la loi, amène une malédiction. Au lieu d'être dans la bénédiction de Dieu, nous nous trouvons sous sa malédiction.

Regardons un peu plus loin dans Galates:

"Tous ceux en effet qui dépendent des œuvres de la loi (ou simplement de la loi) sont sous la malédiction, car il est écrit: maudit soit quiconque n'observe pas tout ce qui est écrit dans le livre de la loi pour le mettre en pratique." Galates 3:10

Vous voyez, si vous être justifiés par la loi, vous devez observer *en permanence toute* la loi. Vous ne pouvez pas choisir des petits bouts de loi sans vous soucier du reste. La loi est un système entier et unique. Soit vous observez *toute* la loi *en permanence*, soit elle ne vous est d'aucune utilité pour accomplir la justice de Dieu.

"Et que nul ne soit justifié devant Dieu par la loi, cela est évident, puisqu'il est dit: Le juste vivra par la foi. Or, la loi ne procède pas de la foi; mais elle dit: Celui qui mettra ces choses en pratique vivra par elles. Christ nous a rachetés de la malédiction de la loi, étant devenu malédiction pour nous, car il est écrit: Maudit est quiconque est pendu au bois," versets 11–13

Remarquez le mot *malédiction* qu'on retrouve trois fois dans le dernier verset. Quelle est la cause de la malédiction? La loi. Comment nous retrouvons-nous sous la malédiction? En nous détournant de la grâce et du surnaturel (qui va toujours avec la grâce) et en nous confiant en nos propres efforts.

Vous direz peut-être: "C'était la loi de Moïse." C'est vrai que Paul avait cela en tête. Mais il y a une malédiction prononcée dans le livre de Jérémie qui nous concerne tous: "Ainsi parle l'Eternel: maudit soit l'homme qui se confie dans un être humain, qui prend la chair pour son appui, et qui écarte son cœur de l'Eternel!" Jérémie 17:5

Quand nous nous confions en notre propre capacité charnelle, nous nous mettons sous la malédiction. "Maudit soit l'homme qui se confie dans un être humain." Combien d'Eglises sont remplies de gens qui font confiance à l'homme? C'est aussi avoir confiance en nous-mêmes. La Bible dit que celui qui fait cela est sous la malédiction. Pourquoi? Parce que le cœur de cette personne s'écarte de l'Eternel.

Je dirais que c'est globalement l'histoire de l'Eglise chrétienne. Dieu visite son peuple et il expérimente sa grâce et sa puissance surnaturelle. Mais cela dure rarement plus d'une génération. Il se tourne ensuite vers leurs propres efforts, des règles humaines et des systèmes humains.

Tomber dans de graves erreurs

Quelle est l'erreur fondamentale du légalisme? C'est important parce qu'elle est grave. L'erreur fondamentale, c'est de rejeter le Saint-Esprit. Nous ne nous confions plus en l'Esprit de Dieu. Et quand nous rejetons le Saint-Esprit, nous créons un vide qui est rempli par un esprit de sorcellerie. C'est une histoire de cause à effet.

Je résume ainsi en néophyte l'histoire de l'Eglise: durant presque vingt siècles nous avons essayé de trouver un système tellement sûr afin de ne plus avoir besoin de nous confier dans le Saint-Esprit. Malheureusement, ce système n'existe pas. Et le plus risqué à long terme, c'est de cesser de vous confier dans le Saint-Esprit.

Les chefs religieux ont peur de tout ce qu'ils ne peuvent pas contrôler. Mais tout ce que les chefs religieux *peuvent* contrôler n'a pas le pouvoir de faire ce qui est demandé. Si nous nous confions dans ce que nous pouvons contrôler, nous nous confions dans quelque chose que Dieu ne peut pas accepter. Beaucoup de gens trouvent dangereux de se confier dans le Saint-Esprit. En un sens, c'est vrai. Vous pouvez tirer de mauvaises conclusions par exemple, et être dans le faux. Cela est déjà arrivé. Mais j'aimerais vous dire qu'il est bien plus dangereux de ne pas faire confiance au Saint-Esprit. La troisième personne de la Trinité est pleine de grâce, très patiente et très douce. Mais si nous disons sans cesse: "Merci mais nous n'avons pas besoin de toi," nous l'insultons et nous allons tout droit au désastre.

Quand nous cherchons à accomplir la justice par la loi, nous libérons la nature charnelle. C'est pourquoi il y a tant de problèmes chez les gens légalistes. C'étaient les légalistes qui ont crucifié Jésus et les apôtres et non pas les prostituées et les collecteurs d'impôts. Je vous dirais sans équivoque que le plus grand problème de Dieu, ce sont les gens religieux. Nous voyons cela clairement exprimé dans Romains 7: 5 "Car lorsque nous étions sous l'emprise de la chair, les passions des péchés provoquées par la loi agissaient dans nos membres et nous faisaient porter du fruit pour la mort."

Pourquoi les passions des péchés apparaissent-elles? Parce que quand j'agis par la loi je dis: "Je vais le faire." Je me confie vraiment dans ma nature charnelle. Quand je me confie dans ma nature charnelle, je libère ce qui est en elle. Qu'y a-t-il dans la nature charnelle? La réponse se trouve dans le passage qui suit et je vous le dis d'avance ce n'est pas très beau à voir. Voici ce qui est libéré quand nous commençons à nous confier en notre propre capacité naturelle et en notre justice.

"Or les œuvres de la chair sont évidentes, c'est-à-dire inconduite, impureté, débauche, idolâtrie, magie, hostilités, discorde, jalousie, fureurs, rivalités, divisions, partis pris, envie, ivrognerie, orgies et choses semblables. Je vous préviens comme je l'ai déjà fait: ceux qui se livrent à de telles pratiques n'hériteront pas du royaume de Dieu." Galates 5:19-21

Les mots de cette liste diffèrent légèrement selon les traductions mais il y a vraiment quatre catégories d'œuvres de la chair. La première, c'est *l'immoralité sexuelle* (adultère, fornication, impureté). La deuxième, c'est le *royaume de l'occulte* et des fausses religions (idolâtrie, sorcellerie). La troisième fait référence à *une vie dissolue* (ivrognerie, orgies et tout le reste). La quatrième et la plus importante se rapporte à *toute forme de conflits et de divisions*. C'est pour cela que les Eglises sont divisées. La véritable question n'est pas la doctrine ou la théologie mais la nature charnelle. La nature charnelle ne peut s'entendre avec elle-même, à plus forte raison avec un frère ou une sœur en Christ. Dès que les chrétiens deviennent charnels dans leurs pensées, leurs attitudes, vous pouvez être certains que leur Eglise ira vers la division.

Pourquoi tant de dénominations avec tant de variétés? Pourquoi se déchirent-elles si souvent? A cause de leur grand légalisme qui libère ces horribles œuvres de la chair. Les chrétiens peuvent rester éloignés de l'ivrognerie et de l'immoralité mais on a l'impression qu'ils n'arrivent pas à se tenir éloignés des querelles, de l'amertume et de la haine. Dieu fait grâce aux humbles et non à ceux qui revendiquent leur droiture.

De qui êtes-vous dépendant?
La clé du succès si vous cherchez à accomplir votre appel c'est d'apprendre à cesser de dépendre de vous-même. Vous n'êtes pas digne de confiance. La leçon la plus importante que vous pouvez apprendre dans la vie chrétienne c'est comment maintenir une dépendance continuelle, de chaque instant du Saint-Esprit. En un mot, ne prenez jamais une décision concernant votre appel ou une œuvre pour le royaume sans le Saint-Esprit.

Je me souviens d'un moment donné où le Seigneur m'a parlé à travers une prophétie. Il m'a dit que j'allais entrer dans une nouvelle phase de mon ministère et que je prendrai une voie dans laquelle je n'avais jamais marché auparavant. Il m'a dit: "Tu dois être extrêmement sensible. Ne te détourne pas de moi. Ne dis pas un mot avant moi." Cela renforce le fait que la dépendance au Saint-Esprit est la clé du succès. Mais cela ne signifie pas que c'est facile pour moi. Par nature, je suis une personne indépendante. J'ai fait mon chemin dans la vie, et à bien des égards, j'ai réussi. L'un de mes proches amis m'a dit une fois que j'étais l'homme le plus indépendant qu'il ait jamais rencontré et je ne vais pas contredire cette affirmation. L'un des plus grands défis de ma vie chrétienne et peut-être celui qui a le plus persisté a été d'arrêter de dépendre de moi-même.

Voici un exemple de choses contre lesquelles j'ai dû me battre: j'avais tendance à dire les choses quand elles me venaient à l'esprit mais ce n'était pas toujours le moment de les dire. J'étais en pleine conversation et sur le point de dire quelque chose quand le Saint-Esprit me dit: "Ce n'est pas le moment de dire cela." Si je dépends du Saint-Esprit je vais prendre en compte ce qu'il me dit et je vais attendre. Il faut de la patience pour attendre. Priez-vous pour la patience? Vous faites bien. Mais souvenez-vous que Dieu a ses moyens pour nous enseigner la patience. Une des versions anglaises traduit 'patience' littéralement par "supporter longtemps"et en règle générale nous apprenons à tout supporter en supportant longtemps les choses.

Je suis sûr que vous avez senti le Saint-Esprit vous interpeller doucement à travers ces lignes. Supposons que vous voyagiez en voiture. Quand vous montez dans la voiture, sentez-vous qu'il veut que vous priiez? Aujourd'hui être en voiture, c'est être dans un endroit dangereux. Il y a de grands risques d'avoir un accident. Demandez-vous la protection de Dieu? Bouclez-vous votre ceinture? J'ai connu des chers frères dans le Seigneur qui ont été gravement blessés dans des accidents de voiture simplement parce qu'ils ne portaient pas leur ceinture.

Au fil des ans, j'ai appris à ne pas me sentir frustré quand les choses n'allaient pas comme je le voulais. J'ai appris que Dieu a souvent une raison à cela. Notre réponse à de telles situations doit être: "Saint-Esprit, montre-la moi." Je sais que je ne suis pas encore arrivé mais je veux une bonne relation avec le Saint-Esprit. J'en suis arrivé à un stade où je n'ai plus confiance en ma chair. Je sais qu'elle ne produira rien de ce que je veux.

Libération du légalisme

La loi de Moïse, que Dieu a donnée à Israël était un plan absolument parfait. Paul insiste beaucoup sur ce fait. Il dit que la loi est "bonne, agréable et parfaite." (Romains 7:12) Si quelqu'un avait suivi exactement ce plan, il aurait accompli la justice parfaite. Mais la loi ne pouvait pas accomplir la justice à cause de la faiblesse de notre nature charnelle. La Bible révèle que chacun d'entre nous est né avec un problème intérieur qui est la rébellion contre Dieu. Si nous décidons de garder la loi, le rebelle en nous se lève et ruine nos efforts les plus sincères. Si nous nous engageons dans le légalisme, nous nous mettons sous le lien spirituel de la force mauvaise de la sorcellerie.

Pour moi, quand j'ai vu ma condition réelle, j'ai réalisé que ne n'étais pas suffisamment juste pour changer mon esprit. Je devais me repentir et demander à Dieu de me libérer du lien spirituel du légalisme et de la rébellion. Je ne veux pas dire que c'est un péché impardonnable mais souvent nous offensons ou nous insultons le Saint-Esprit.

Il y a exemple étonnant qui me vient à l'esprit de mes années passées à Cambridge. Un autre étudiant, qui se nommait Smithers était anarchiste par philosophie et conviction. Il portait une barbe noire broussailleuse, ce qui, pour l'époque était inhabituel. Il était en quelque sorte connu à cause de son impertinence.

Un jour, le recteur du King's college qui était une personne importante et empreinte de dignité, alla voir Smithers pour voir s'il avait besoin d'une bourse pour poursuivre ses études. Nous savions qu'il aurait du mal à être poli avec le recteur à cause de ses principes anarchiques. Alors quand l'entretien s'est terminé, nous lui avons demandé comment il s'était comporté.

Il a répondu "J'ai essayé de me comporter comme s'il n'était pas là."

Je raconte cette histoire parce que je crois que beaucoup d'entre nous ont la même attitude envers le Saint-Esprit. Nous avons essayé d'agir comme s'il n'était pas là. Nous avons ignoré sa présence, et c'est là une insulte. Nous avons insulté l'Esprit de grâce et nous devons nous en repentir. Quand nous nous sommes repentis, nous devons demander à Dieu de nous libérer de l'esprit de l'esclavage qui nous a empêchés d'accomplir notre appel.

Sentez-vous que ce que j'ai si justement décrit est votre problème principal? C'est peut-être un problème avec lequel vous vous battez depuis des années. Vous avez essayé et fait de votre mieux mais votre vie ne semble pas produire les effets dont parle le Nouveau Testament. Voulez-vous envoyer un signal de détresse au Saint-Esprit maintenant? Voici ce que vous pourriez lui dire:

Saint-Esprit, je suis dépassé. Je ne sais plus quel chemin prendre. Je ne peux pas m'en sortir. Je suis désolé d'avoir essayé de suivre ma propre voie et mes propres intérêts sans toi. S'il-te plaît, pardonne-moi Saint-Esprit. Je m'abandonne de nouveau à toi. Je désire une union spirituelle avec Jésus, celle dont la Bible parle. Peux-tu m'accorder cela? Veux-tu venir à mon aide?

Saint-Esprit, je regrette de t'avoir insulté. J'ai fait de mon mieux pour t'ignorer. Je me suis confié en moi-même et en mes forces. Pardonne moi et délivre-moi de cet esprit d'esclavage Je te le demande dans le nom de Jésus.

Et maintenant?

Voici un fait étonnant sur lequel vous avez peut-être déjà réfléchi. Immédiatement après que Dieu ait donné l'alliance de la loi à Moïse pour son peuple d'Israël, un peuple qu'il avait racheté de l'esclavage d'Egypte -non par la loi mais par la foi-quelle a été sa première action? La première chose que le peuple a fait, c'est de violer le premier des deux commandements - ne pas avoir d'autre dieu et de ne pas adorer des idoles.

Certains enseignants pensent que les gens violent la loi parce qu'elle est trop difficile à observer, mais c'est absurde dans ce contexte. Il était bien plus difficile pour eux de faire un veau d'or et de l'adorer que de continuer à obéir à Dieu. Pourquoi ont-ils immédiatement péché? Parce que la loi qui leur avait été donnée a provoqué le rebelle en eux.

Livrés à nos propres efforts, nous ne pouvons que dire: "Seigneur, je n'y arrive pas. Il n'y a rien de mauvais dans la loi. C'est un plan parfait. Mais chaque fois que j'essaie de la suivre, je trébuche."

Gloire à Dieu, il nous a donné un guide -le Saint-Esprit. Si nous offrons au Saint-Esprit la carte, il nous dit: "Merci, mais je connais déjà le chemin. Je n'ai pas besoin de carte. Tout ce qu'il faut que tu fasses, c'est tenir ma main et me laisser te conduire."

Voici deux questions importantes auxquelles vous devez répondre. Voici la première: avez-vous déjà entendu un message qui vous dise que vous devez naître de nouveau? Votre réponse est sans aucun doute positive. Voici donc ma deuxième question: avez-vous déjà eu un enseignement clair, pratique et systématique sur la façon dont on doit être conduit par le Saint-Esprit?

Vos réponses à ces questions dévoilent l'une des racines du problème de l'Eglise. Beaucoup de gens nés de nouveau n'ont jamais été enseignés sur la façon d'être conduits par le Saint-Esprit. Ils entrent dans le royaume de Dieu et ils avancent en chancelant sans jamais entrer dans leur appel. Ils ne se dirigent pas vers leur mission particulière, celle que Dieu a prévue pour eux dans le royaume. Pourquoi? Parce qu'ils n'ont jamais reçu un enseignement sur la façon dont on est conduit par le Saint-Esprit.

Ce sera le sujet du chapitre suivant.

8

Celui qui vous guide

"Quand il sera venu, lui, l'Esprit de vérité, il vous conduira dans toute la vérité." Jean 16:13

Il n'y a aucune alternative dans tout l'univers au Saint-Esprit. Il est absolument unique et il peut faire ce qu'aucune personne ni aucune autre puissance ne peuvent faire. Il est le seul qui puisse faire en nous ce que Dieu veut.

Un passage de l'Ancien Testament dit: "C'est ici la parole que l'Eternel adresse à Zorobabel: ce n'est ni par la puissance, ni par la force, mais par mon Esprit, dit l'Eternel des armées." (Zacharie 4:6) Ces derniers mots nous disent quelque chose de très important. Le Seigneur des armées parle -le Dieu qui commande toutes les armées du ciel et de la terre. Il dit: "La force et la puissance ne peuvent pas faire ce qui doit être fait, c'est-à-dire changer les gens radicalement de l'intérieur. La force ne peut pas le faire. La pression ne peut pas le faire. La loi ne le fait pas. Le gouvernement non plus. Il n'y a qu'un seul agent qui puisse le faire: le Saint-Esprit." J'aimerais que vous compreniez cela.

Si vous voulez entrer dans l'appel que Dieu vous a préparé en Christ, vous devez être totalement dépendant du Saint-Esprit. Sans l'Esprit de Dieu vous ne pouvez pas le faire. Il n'y a pas d'alternative. L'éducation ne le fera pas. Le talent ne le fera pas. L'argent certainement pas. Rien ni personne, hormis l'Esprit de Dieu -le Saint-Esprit- peut le faire.

Le seul chemin vers la maturité

Paul affirme cela très fermement dans sa lettre aux Romains: "Car tous ceux qui sont *conduits* par l'Esprit de Dieu sont fils de Dieu." (Romains 8:14) les seules personnes qualifiées pour être les fils et les filles de Dieu sont celles qui sont conduites par le Saint-Esprit. Comme nous l'avons remarqué, il est tragique que de nombreuses personnes qui sont nées de nouveau de l'Esprit de Dieu n'aient jamais appris à être conduites par lui. Il n'y a pas d'autre chemin pour grandir en maturité en Christ.

En grec, *être conduit* est un présent continu qui signifie "tous ceux qui sont continuellement conduits par l'Esprit de Dieu." Ce n'est pas quelque chose qui arrive à l'église le dimanche matin ou quand vous vous agenouillez devant votre lit pour prier. C'est quelque chose qui se produit jour après jour, heure après heure, à chaque instant. Ceux qui sont continuellement conduits par l'Esprit de Dieu -et uniquement ceux-là- deviennent des fils et des filles matures de Dieu.

J'ai vécu une expérience très puissante avec le Saint-Esprit quand je suis venu à Jésus. Etendu sur le sol d'un baraquement de l'armée durant la Seconde Guerre mondiale, j'ai expérimenté la puissance de Dieu durant plus d'une heure. Ce fut une expérience très étonnante pour moi. Ma première rencontre avec Jésus a aussi été une rencontre avec le Saint-Esprit et sa puissance.

A partir de ce moment-là, le Saint-Esprit a été une réalité pour moi. J'ai fait des études sur le Saint-Esprit, j'ai cru au Saint-Esprit, et quand je suis devenu prédicateur j'ai prêché sur le Saint-Esprit. J'ai très souvent prêché sur la nécessité de naître de nouveau de l'Esprit." En regardant en arrière, je dois dire avec regret que le Saint-Esprit jouait à cette époque pour moi le rôle d'un véhicule de secours d'urgence. Quand j'étais dans une situation désespérée, j'appelais l'ambulance. L'ambulance arrivait toujours et m'aidait, mais ma relation avec le Saint-Esprit était spasmodique.

Une partie du problème venait de ce que j'étais profondément immergé dans la religion. Comme nous l'avons vu, la religion et le Saint-Esprit ne font pas bon ménage. Si nous accomplissons beaucoup d'exercices religieux, nous avons automatiquement tendance à nous confier en nous et pas au Saint-Esprit. Au début, j'utilisais beaucoup de langage spirituel, mais le réel contenu spirituel manquait à ma vie. Pour y remédier, Dieu m'a permis de traverser diverses expériences, toutes dans le but -l'une après l'autre- de me rendre conscient de ma totale dépendance au Saint-Esprit.

Peut-être que vous, qui lisez ces lignes, connaissez les frustrations, les problèmes et les peines de cœur. Vous demandez peut-être: "Seigneur pourquoi?" L'une des raisons probables pour lesquelles Dieu a permis ces problèmes dans votre vie, c'est de vous montrer que vous avez besoin du Saint-Esprit chaque jour, chaque heure, à chaque instant. Il n'y a pas d'autre moyen de réussir sa vie chrétienne.

Le Saint-Esprit est de bonne volonté. Nous n'avons jamais besoin de le contraindre, ni de l'amadouer. Le problème -s'il y en a un- est toujours en nous jamais en lui. L'Ecriture dit: "Car la chair à des désirs contraires à l'Esprit, et l'Esprit en a de contraires à la chair." (Galates 5:17) Cela veut dire que nous ne pouvons tout simplement pas accomplir l'œuvre de Dieu comme nous le voudrions à cause de l'antipathie de notre vieille nature charnelle envers l'Esprit. Nous devons donc apprendre à ne pas être conduits par notre nature charnelle. Nous devons apprendre à reconnaître notre nature charnelle morte à travers la mort de Jésus sur la croix. Et nous devons vivre pour le Seigneur à travers la puissance de l'Esprit.

Personne n'acquiert cette capacité instantanément. Certaines personnes - ce sont en général des chrétiens remarquables- apprennent vite. Ce ne sont pas nécessairement des prédicateurs. Ce peuvent être de simples membres du corps de Christ. Souvent, ce sont les intercesseurs qui apprennent cette leçon, ceux qui prient dans les lieux cachés et qu'on ne voit pas beaucoup en public.

Si vous voulez avoir du succès dans votre appel, si vous voulez entrer dans votre mission qui vous est assignée pour le royaume, si vous voulez conquérir l'adversité et les forces mauvaises de l'ennemi, la leçon que je vous enseigne est essentielle. Vous devez être conduit par l'Esprit saint.

Les aspects du Saint-Esprit

Commençons par regarder certains termes simples qui décrivent des aspects du Saint-Esprit.

Le Saint-Esprit est une personne

Le premier fait essentiel que nous devons réaliser c'est que le Saint-Esprit est une personne. Ce n'est pas simplement une moitié de phrase que nous disons à la fin du credo apostolique "je crois au Saint-Esprit, à la sainte église catholique"... pour moi, c'est une catastrophe que ce credo officiel dise si peu de choses sur la troisième personne de la trinité.

Le Saint-Esprit a une qualité remarquable: il sait s'effacer. Il n'attire jamais l'attention sur lui. Il attire toujours l'attention sur le Seigneur Jésus-Christ. Mais le fait est que s'il sait s'effacer, cela ne veut pas dire que nous pouvons nous permettre de l'ignorer.

Regardons l'Evangile de Jean pour voir ce que Jésus a à dire à ce sujet. Dans le passage qui suit, Jésus dit à ses disciples qu'il va bientôt partir pour retourner au ciel vers le Père. Il leur explique qu'il a tout prévu pour leur bien-être une fois parti. Cette provision est une autre personne qui va venir du ciel une fois que Jésus y sera retourné. L'autre personne, c'est bien sûr le Saint-Esprit. Jésus dit: "Cependant, je vous dis la vérité: il est avantageux pour vous que je parte, car si je ne pars pas, le Consolateur ne viendra pas vers vous; mais si je m'en vais, je vous l'enverrai." (Jean 16:7)

Le mot *aide*, *consolateur* et *conseiller* sont tous utilisés pour désigner le Saint-Esprit. La version de la Bible de l'Eglise catholique romaine utilise le mot *paraclet*. C'est une transcription du verbe grec *parakletos* qui signifie quelque chose comme "celui qui est appelé pour être à côté." L'équivalent le plus proche serait peut-être *avocat* ce qui dénote une certaine connotation légale. Cela montre le Saint-Esprit comme quelqu'un appelé à nos côtés pour nous aider, pour plaider notre cause devant le tribunal quand nous ne sommes pas compétents pour le faire. Tous ces mots décrivent des attributs du Saint-Esprit: il est le Consolateur, l'Aide, le Conseiller, l'Avocat, le Paraclet.

Remarquez deux points en particulier. Tout d'abord Jésus dit: "Je vous quitte en tant que personne." Au moment où vous lisez cela, Jésus en tant que personne est assis à la droite du Père dans le ciel. Il n'est pas sur terre. Quand Jésus disait à ses disciples: "Si je retourne au ciel, à ma place, je vous enverrai une *autre* personne." (Voir Jean 14:16) Ce mot 'autre' est très important. Pourquoi? Parce que cela souligne le fait que le Saint-Esprit est autant une personne que Jésus lui-même et que le Père.

Le Nouveau Testament en particulier et en fait toute la Bible révèle la triple nature de Dieu -un Dieu en trois personnes: Père, Fils et Saint-Esprit. Chacune de ces trois expressions de la divinité est une personne. J'ai constaté que nous n'avons aucune difficulté à comprendre que le Père est une personne, que le Fils est une personne mais il semble que beaucoup de gens aient du mal à comprendre que l'Esprit est tout autant une personne, bien que ce soit une personne d'un genre différent.

Dans le même chapitre de Jean, un peu plus loin Jésus dit: "Quand il sera venu, lui, l'Esprit de vérité, il vous conduira dans toute la vérité." (Jean 16:13)

Le grec dans lequel le Nouveau Testament a été écrit, est un langage avec des genres -masculin, féminin et neutre. Nous avons très peu de différentiations en anglais bien que nous ayons trois pronoms *il, elle* et *ce*. Mais l'anglais est différent du français par exemple qui dit que 'toit' est masculin et 'fenêtre' est féminin. C'est ce que nous appelons des genres grammaticaux.

En grec, le mot pour esprit *pneuma* n'est ni masculin ni féminin mais neutre. Le pronom approprié pour le neutre serait *ce*. Mais les mots rapportés par Jésus à ses disciples brisent les lois de la grammaire pour utiliser un autre pronom. Il ne dit pas *ce,* il dit: "Quand *il* sera venu, lui l'Esprit de vérité". Pourquoi Jésus fait-il cela? Afin de ne laisser personne douter que le Saint-Esprit est une personne. Le Saint-Esprit n'est pas neutre. Le Saint-Esprit n'est ni une influence ni une doctrine ni une abstraction théologique. Il est une personne.

C'est une vérité essentielle qu'il nous faut saisir. Si vous ne la comprenez pas, vous aurez toujours des problèmes pour vous confier en lui. De la même manière, que j'aurais eu du mal à faire confiance à ma femme si je n'avais pas réalisé qu'elle était une personne. Notre mariage aurait été à vau-l'eau. Beaucoup de gens ont une relation difficile avec le Saint-Esprit parce qu'ils n'ont pas compris le fait qu'il est une personne.

Le Saint-Esprit est présent
Le deuxième point que je voudrais vous faire remarquer c'est que Jésus dit à ses disciples: "il est avantageux pour vous que je parte, car si je ne pars pas le consolateur ne viendra pas vers vous; mais si je m'en vais, Je vous l'enverrai." (voir Jean 16:7) Ce que Jésus dit ici surprend beaucoup de chrétiens. Il dit: "il vaut mieux m'avoir au ciel et le Saint-Esprit sur terre, que de m'avoir moi sur terre et le Saint-Esprit au ciel."

Vous vous êtes sûrement dit à un moment ou à un autre: "Ne serait-ce pas merveilleux de vivre à l'époque où Jésus était sur terre? Nous pourrions avoir une communion avec lui dans sa nature humaine." Oui, cela aurait été merveilleux! Mais dans ce verset, Jésus dit "Néanmoins, il vaut mieux que je m'en aille au ciel et que l'Esprit vienne sur terre."

Si vous étudiez l'histoire du développement de l'Eglise, la vérité de ce que Jésus dit est évidente. Le jour où le Saint-Esprit est venu -le jour de la Pentecôte- les disciples ont été transformés comme jamais ils ne l'avaient été pendant tout le temps que Jésus était avec eux. Même jusqu'au dernier moment, pendant la Cène, ils se querellaient entre eux pour savoir qui était le plus grand. La moitié des vérités profondes que Jésus avait partagées sur sa mort et sa résurrection semblaient leur être passé au-dessus de la tête.

Mais au moment où le Saint-Esprit est venu, ils ont eu une compréhension complètement différente de l'identité de Jésus. Ils ont été immédiatement conscients de la réalité et de la signification de sa mort, de sa résurrection et des Ecritures. Avant le jour de la Pentecôte, Pierre ne se serait jamais levé pour appliquer la prophétie de Joël à ce qu'ils étaient en train de vivre. Cette vision n'est pas venue graduellement; elle est venue instantanément. Au moment où le Saint-Esprit est venu, leur attitude et leur compréhension des vérités spirituelles ont été révolutionnées instantanément.

Le Saint-Esprit est Seigneur

Le troisième fait essentiel concernant le Saint-Esprit est une extension du premier. Non seulement le Saint-Esprit est une personne, mais il est Seigneur. Tout comme Dieu le Père est Seigneur et Dieu le Fils est Seigneur, ainsi Dieu l'Esprit est Seigneur. Il est l'égal des deux autres membres de la Trinité. Une partie du concile de Nicée affirme: "le Saint-Esprit … qui avec le Père et le Fils est adoré." L'adoration n'est offerte qu'à Dieu. Dans 2 Corinthiens Paul fait cette simple affirmation: "Or, le Seigneur, c'est l'Esprit; et là où est l'Esprit du Seigneur, là est la liberté." (2 Corinthiens 3:17) L'expression *le Seigneur* dans le Nouveau Testament correspond au nom sacré de Dieu dans l'Ancien Testament qui est parfois appelé *Jéhovah*. C'est le même que le véritable Dieu. Ainsi lorsque Paul dit: "le Seigneur, c'est l'Esprit." il dit: "L'esprit est Dieu. Il est Seigneur."

Paul continue en disant:"Là où l'Esprit du Seigneur, là est la liberté." On voit donc le contraste entre le lien à un système légal et la liberté. Comment avons-nous la liberté? D'une seule façon. Là où est le Saint-Esprit, il y a la liberté. J'ai entendu quelqu'un paraphraser ce verset ainsi: "Là où le Saint-Esprit est Seigneur, il y a la liberté."

Les pentecôtistes, dont je suis, et d'autres comme eux, ont souvent des idées étranges sur la liberté. Comme celle-ci: si on ne commence pas à danser sur l'estrade à 18h45 le dimanche soir, on n'a pas la liberté. Ou celle-là: si on ne tape pas tous des mains, on n'a pas la liberté. Certains prédicateurs pensent que s'ils ne tapent pas du pied et ne crient pas, ils ne sont pas libres. Il est vrai que certains prédicateurs font preuve de liberté lorsqu'ils tapent du pied sur l'estrade et crient mais pour moi, faire cela ce n'est pas la liberté.

La liberté ne consiste pas à suivre un certain nombre de programmes à l'église tous les dimanches, ni à le faire machinalement. Cela dépend si c'est le Saint-Esprit qui vous pousse à le faire ou si vous le faites par tradition religieuse. Les traditions religieuses ne produisent que de l'esclavage.

Nous devons avoir la même attitude de révérence envers le Saint-Esprit que celle que nous avons envers Dieu le Père et le Fils. Vous voyez, nous n'avons plus accès à Dieu que par le Saint-Esprit parce qu'il y a un principe dans la divinité. Pour avoir accès à la divinité, il faut honorer celui qui est envoyé comme représentant. Quand le Père a envoyé le Fils, il a dit: "A partir de maintenant, personne ne vient à moi sans passer par le Fils. On ne peut pas négliger mon représentant et venir à moi, parce que dans chaque situation et en toutes circonstances, je soutiens celui que j'ai envoyé.

Quand Jésus a accompli son œuvre, il est retourné au Père. Selon moi, (bien sûr c'est une question théologique bien plus complexe que ce qu'on peut dire en une phrase) le Père et le Fils ensemble ont envoyé le Saint-Esprit. C'est le même principe qui s'applique. Nous n'avons pas accès au Père et au Fils à moins que ce ne soit par l'Esprit. Nous ne pouvons pas le négliger. Paul dit dans Ephésiens 2: "Car par lui nous avons les uns et les autres accès auprès du Père dans un même Esprit." (Ephésiens 2:18)

Beaucoup de chrétiens évangéliques insistent sur le fait que nous avons accès à Dieu à travers le Fils, Jésus. C'est parfaitement vrai, mais ce n'est pas toute la vérité. Notre accès se fait à travers le Fils par l'Esprit vers le Père. De même, le Père nous habite quand nous sommes dans le Fils à travers son Esprit. Dans chaque direction, que nous allions vers Dieu ou que Dieu vienne à nous, l'Esprit est une part essentielle de l'équation. Nous avons accès à travers le Fils par l'Esprit au Père. Si nous laissons le Saint-Esprit en dehors de cette équation, nous n'avons pas accès à Dieu et Dieu n'a pas accès à nous. Nous sommes totalement dépendants du Saint-Esprit.

La colombe et l'agneau
L'Ecriture nous donne une belle image de ce que le Saint-Esprit veut faire chez une personne. On ne la trouve qu'en un seul homme: Jésus.

"Jean rendit ce témoignage: J'ai vu l'Esprit descendre du ciel comme une colombe et demeurer sur lui; et moi, je ne le connaissais pas, mais celui qui m'a envoyé baptiser d'eau m'a dit: celui sur qui tu verras l'Esprit descendre et demeurer, c'est lui qui baptise d'Esprit saint. Et moi, j'ai vu et j'ai rendu témoignage que c'est lui le Fils de Dieu." Jean 1:32-34

Le signe qui confirme que Jésus est le Messie, c'est le Saint-Esprit descendant sur lui sous une forme corporelle. Mais ce n'était pas le fait le plus significatif. Le fait le plus significatif c'est que le Saint-Esprit soit demeuré sur lui. Le Saint-Esprit est descendu sur beaucoup d'entre nous mais nous avons fait et dit des choses qui l'ont effrayé. Jésus n'a jamais effrayé la colombe.

Regardons maintenant l'image que donne Jean quand il présente Jésus: "le lendemain, il (Jean-Baptiste) vit Jésus venir à lui et dit: Voici l'Agneau de Dieu qui ôte le péché du monde." (Jean 1:29) Jean décrit Jésus comme un agneau.

Dans ces passages, nous voyons deux personnes de la divinité -le Fils et l'Esprit- tous deux représentés sous une forme imagée, sous la forme d'un animal de la création. Jésus est décrit comme un agneau; l'Esprit qui descend est décrit sous la forme d'une colombe.

C'est une belle représentation de la vérité. Que cherche la colombe? Elle cherche la nature de l'agneau. Là où elle trouve la nature de l'agneau, elle va non seulement descendre mais elle va rester. Je crois que le genre de colombe qui est représenté ici est une belle et pure colombe blanche. Il est intéressant de noter que c'est l'un des rares oiseaux à pouvoir fixer de ses deux yeux un seul objet. En général, c'est un oiseau timide, qui est facilement effrayé. Tout cela nous montre que nous devons être sensibles au Saint-Esprit.

Plusieurs années auparavant, vers 1946 à Jérusalem, j'enseignais une Eglise pour enfants dans la maison que nous occupions. Nos réunions se tenaient au premier étage dans un grand hall d'entrée et la chaire se trouvait devant une porte qui s'ouvrait sur une véranda. Je me tenais derrière la chaire, le dos contre la porte. Dans la véranda derrière moi, il y avait une table ronde recouverte de ce que nous utilisions comme nappe -un châle noir porté par les femmes arabes. Ce jour-là, j'enseignais les enfants sur le Saint-Esprit. Je leur disais que le Saint-Esprit est comme une colombe et que si nous voulions qu'elle reste avec nous, nous devions faire très attention à ne pas dire ou faire des choses qui pourraient l'effrayer.

Tandis que j'enseignais, je remarquais que les yeux des enfants étaient rivés sur moi. Ils ne faisaient plus aucun mouvement. Ils faisaient des gros yeux ronds dans ma direction. Je n'avais jamais eu autant d'attention de la part d'un groupe d'enfants. Sans que je le sache, une belle colombe blanche s'était posée au centre de la nappe noire et se tenait là. Bien entendu, le blanc de la colombe sur le noir du châle rendait le contraste saisissant. Les enfants étaient aussi attentifs parce qu'ils avaient peur de faire quelque chose qui effraie la colombe.

C'est un de mes sermons que le Seigneur lui-même avait choisi d'illustrer. Cette vérité m'est restée à cause de l'air absorbé des enfants. Je me suis dit: "S*i seulement nous pouvions comprendre que le Saint-Esprit est comme cela comme nous serions attentionnés dans nos attitudes et nos rapports avec lui.*

Attributs de la nature d'un agneau

Concentrons notre attention maintenant sur la nature de l'Agneau. Dans la Bible, l'agneau représente certaines qualités qui attirent le Saint-Esprit: pureté, douceur et une vie offerte en sacrifice. Voulez-vous avoir continuellement avec vous le Saint-Esprit? Voilà les attributs que vous avez besoin de cultiver: pureté, douceur, et une vie qui n'est plus vécue pour vous-mêmes, une vie abandonnée à Christ et à son corps. Alors la Colombe se posera sur vous et vous ne l'effrayerez plus.

Jésus a attribué son ministère tout entier à la présence du Saint-Esprit. Il n'a jamais rien mis à son crédit. Quand Jésus était dans la synagogue dans sa ville natale, Nazareth, il a pris le livre du prophète Esaïe:

"Il ouvrit le livre et trouva le passage où il était écrit: L'Esprit du Seigneur est sur moi, parce qu'il m'a oint pour guérir ceux qui ont le cœur brisé, pour annoncer la bonne nouvelle aux pauvres; il m'a envoyé pour proclamer aux captifs la délivrance; et aux aveugles le recouvrement de la vue; pour renvoyer libres les opprimés, pour proclamer une année de grâce du Seigneur." Luc 4:17-19

Si nous voulons continuer avec ce message et ce ministère en avançant dans notre appel, nous sommes sous les mêmes conditions que le Seigneur Jésus. Ce n'est possible que par l'onction du Saint-Esprit. John Wesley a cité ces paroles dans un de ses journaux et a dit: "Je crois que ces paroles sont vraies pour chaque homme qui a été véritablement appelé à proclamer l'Evangile. " il n'y a pas d'autre moyen pour avoir du succès, sinon par l'onction du Saint-Esprit. Le succès de notre appel est en proportion exact de la mesure de l'onction du Saint-Esprit. Si Jésus ne pouvait pas y arriver sans le Saint-Esprit, soyez sûr que nous non plus."

Paul écrit:

"N'attristez pas le Saint-Esprit de Dieu, par lequel vous avez été scellés pour le jour de la rédemption. (Puis il fait une liste de choses qui effraient la colombe). Que toute amertume, animosité, colère, clameur, calomnie, ainsi que toute méchanceté soient ôtées du milieu de vous." Ephésiens 4:30-31

Paul termine par les qualités suivantes, celles que la colombe recherche:

"Soyez bons les uns envers les autres, compatissants, faites-vous grâce réciproquement, comme Dieu vous a fait grâce en Christ." (verset 32) Ces qualités dépendent de nous. C'est de cette façon que nous attirons le Saint-Esprit et le faisons demeurer sur nous.

Ne pas retourner en arrière

Quelle est donc la fonction ultime du Saint-Esprit? Je crois que c'est à travers le Saint-Esprit que nous sommes unis à Christ. Galates 5:18 nous dit ceci: "Mais si vous êtes conduits par l'Esprit, vous n'êtes pas sous la loi." Dans la chair, nous étions sous la loi. Jésus est mort pour notre nature charnelle, pour que notre nature en lui soit reconnue morte. Une fois qu'elle est reconnue morte, nous pouvons être unis au Christ ressuscité dans une union que Paul compare au mariage -cela peut effrayer les gens religieux, mais la Bible n'hésite pas à utiliser un langage intense et passionné pour décrire notre relation avec Jésus.

Ne vous fiez pas à des règles ou à un système religieux pour avancer dans votre appel. Le Saint-Esprit ne partagera avec aucun système. Quand Isaac vient, Ismaël doit s'en aller. Ils ne vivront pas dans la même maison.

La fille de William Booth, Kate Booth-Clibborn, qui a apporté l'Armée du salut en France a dit un jour: "Christ nous aime passionnément et il veut être aimé passionnément." Beaucoup d'entre nous ont besoin d'un dévouement plus passionné envers Jésus et nous ne pouvons l'avoir qu'à travers le Saint-Esprit. Il nous donnera cette union maritale avec le Christ ressuscité.

Je crois que notre union avec Jésus est consommée par la louange. Quand nous adorons le Christ ressuscité par le Saint-Esprit, nous entrons en union avec lui. "Savez-vous", dit Paul "que celui qui s'attache à la prostituée est un seul corps avec elle? … Mais celui qui s'attache au Seigneur est avec lui un seul esprit." (1 Corinthiens 6:16-17) Tout comme le corps d'une personne peut être uni au corps d'une prostituée, ainsi l'esprit des croyants est uni avec l'Esprit de Dieu à travers le Saint-Esprit. Dieu cherche ceux qui vont l'adorer en Esprit et en vérité.

Cela nous amène à la nécessité de la transformation dans nos vies, de notre mode de vie, de nos attitudes. Avec l'aide du Saint-Esprit, nous pouvons commencer à nous voir tels que nous sommes réellement et comprendre les mesures que nous devons prendre vers la liberté.

9

Votre "moi" doit coopérer

"Me voilà bien malheureux! Qui va me libérer de ce corps
qui me conduit vers la mort? Remercions Dieu par Jésus–Christ
notre Seigneur!"
(Romains 7:24-25, Parole de Vie)

Deux personnes occupent une position importante unique
dans la révélation globale du Nouveau Testament. En fait, il
serait correct de dire que vous ne pouvez pas comprendre
correctement le message du Nouveau Testament ni ses
applications pour votre appel et votre croissance dans le
royaume tant que vous ne connaissez pas parfaitement ces deux
personnes, -leur origine, leur nature et leur destinée. Qui sont-
elles? Dans le langage imagé de la Bible, il s'agit du *vieil
homme* et de *l'homme nouveau*. Dans les traductions modernes
on peut trouver la veille nature et la nature nouvelle.

Dans sa lettre à l'Eglise d'Ephèse, Paul dit ceci: "Mais
vous, ce n'est pas ainsi que vous avez appris à connaître le
Christ, si du moins vous avez entendu parler de lui, et si vous
avez été instruits en lui, conformément à la vérité qui est en
Jésus." (Ephésiens 4:20-21) il est significatif de noter que Paul
écrit à des chrétiens engagés. Pourtant il dit qu'il est possible
qu'ils n'aient pas entendu la vérité que Dieu veut qu'ils
entendent concernant leur position en Jésus. C'est encore vrai
aujourd'hui pour beaucoup de chrétiens sincères. Ils n'ont pas
entendu la vérité sur le vieil homme et le nouvel homme.

"… à cause de votre conduite passée, de la vieille nature qui
se corrompt, par les convoitises trompeuses, être renouvelés par
l'Esprit dans votre intelligence, et revêtir la nature nouvelle,

créée selon Dieu dans une justice que produit la vérité."
Ephésiens 4:22-24

L'Ecriture exige que nous prenions des mesures spécifiques concernant ces deux individus:

1. Nous débarrasser de l'ancienne nature

2. Revêtir la nouvelle nature

Bien entendu, si nous voulons pouvoir faire cela, nous devons identifier le vieil homme et le nouveau. Commençons par l'origine et la nature du vieil homme résumées par ces paroles de Paul: "La vieille nature qui se corrompt par les convoitises trompeuses."

Ce passage contient trois mots clé: *corruption*, *convoitise* et *tromperie*. Commençons par la tromperie. Le vieil homme est le produit de la tromperie et de la supercherie, plus particulièrement celle de satan. En un mot, le vieil homme est le résultat de l'homme qui écoute le mensonge de satan.

Pour comprendre toute la nature du mensonge, nous devons revenir au récit de la création de l'homme et à l'origine de l'histoire humaine. Vous vous souvenez qu'après qu'Adam et Eve aient été créés, Dieu les a avertis de ne pas manger d'un arbre précis dans le jardin -l'arbre de la connaissance du bien et du mal. Dieu leur a donné une promesse solennelle: "… car le jour où tu en mangeras, tu mourras." (Genèse 2:17)

Dans le chapitre suivant de la Genèse, nous lisons que satan, sous la forme d'un serpent, est venu vers la femme, Eve et l'a tentée. En essence sa tentation consistait à ignorer l'avertissement de Dieu et à désobéir à ce que Dieu lui avait dit à elle et à son mari. En persuadant Eve de faire cela, satan a donné naissance à son mensonge, *le* mensonge.

Dieu avait dit: "Tu mourras sûrement."

Satan a dit: "Tu ne mourras sûrement pas." (Genèse 3:4)

C'était un mensonge direct! Cette négation de la vérité de Dieu a donné naissance au vieil homme. Le vieil homme est donc le produit de la tromperie, du mensonge de satan. Souvenez-vous que la tromperie est la première activité de satan contre la race humaine. Dans Apocalypse 12:9 satan est appelé "le grand dragon, le serpent ancien, appelé le diable et satan, celui qui séduit toute la terre habitée."

La tromperie a mis en route un processus de dégénérescence. Le livre de Jacques nous dit que la tromperie produit la *convoitise*. La convoitise est un désir perverti et rebelle, -désir qui est contraire à la volonté de Dieu et au bien-être de celui qui l'entretient. La convoitise à son tour produit le péché. Et le péché produit la mort.

"Que personne, lorsqu'il est tenté, ne dise: C'est Dieu qui me tente. Car Dieu ne peut être tenté par le mal, et il ne tente lui-même personne. Mais chacun est tenté quand il est attiré et amorcé par sa propre convoitise. Puis la convoitise, lorsqu'elle a conçu, enfante le péché; et le péché, étant consommé, produit la mort." Jacques 1:13-15

Le vieil homme est corrompu dans tous les domaines - spirituel, moral et physique. Le vieil homme est, en fait, le rejeton de satan. Dans Genèse 3:15, immédiatement après la désobéissance de l'homme, l'Eternel parle au serpent à propos de sa descendance: "Je mettrai inimitié entre toi et la femme, entre ta descendance et sa descendance: Celle-ci t'écrasera la tête et tu lui écraseras le talon." La vieille nature est ce rejeton ou descendance de satan parce qu'elle reproduit la nature de satan.

Jésus a dit aux chefs religieux de son temps: "Vous avez pour père le diable." (Jean 8:44) le diable est le père des enfants de désobéissance et sa nature se reproduit en eux. La nature de satan peut se résumer en un mot: *rébellion*. Il est le chef de toute rébellion dans l'univers. De ce fait, la conduite de la vieille nature est inévitablement une attitude de rébellion comme l'Ecriture nous le dit: "Nous étions tous errants comme des brebis, chacun suivait sa propre voie. " (Esaïe 53:6) La caractéristique de la vieille nature c'est qu'elle cherche sa propre voie. Elle tourne le dos à Dieu et cherche sa propre volonté, son plaisir et sa satisfaction.

Cet état de fait est décrit avec plus de détails dans Ephésiens où Paul dit ceci:

"Pour vous, vous étiez morts par vos fautes et par vos péchés dans lesquels vous marchiez autrefois selon le cours de ce monde, selon le prince de la puissance de l'air, cet esprit qui agit maintenant dans les fils de la rébellion. Nous tous aussi, nous étions de leur nombre et nous nous conduisions autrefois selon nos convoitises charnelles, nous exécutions les volontés de notre chair et de nos pensées, et nous étions par nature des enfants de colère comme les autres." Ephésiens 2:1-3

Remarquez cette expression:"par nature des enfants de colère". Pourquoi sommes-nous l'objet de la colère? Parce que par notre nature nous sommes "fils de la désobéissance" et la désobéissance amène toujours la colère de Dieu. Nous avons donc en nous une nature corrompue, rebelle, qui est le produit de la tromperie et de la convoitise de satan. Pour résumer: il y a un rebelle en chacun d'entre nous. Dans l'Ecriture, ce rebelle est appelé le 'vieil homme'.

Les solutions humaines

Les hommes essaient généralement de traiter cette rébellion par des moyens qui ne sont *pas* ceux de Dieu. Premièrement, nous pouvons exclure toutes les solutions qui comprennent le mot "personnel" ou "soi" qui semblent se multiplier de nos jours dans la psychologie et la pensée contemporaine: réalisation personnelle, accomplissement de soi, expression de soi. Pourquoi les éliminer? Parce que toutes ces solutions donnent libre cours à un 'moi' qui est rebelle. Nous sommes passés par quelques générations qui ont décidé qu'il était mauvais de discipliner ou de réprimander les enfants, car ils devaient acquérir la liberté d'expression. Je crois que ces générations ont appris, hélas trop tard, que ce qu'ils faisaient c'était donner la liberté d'expression à un rebelle.

Deuxièmement, la solution de Dieu n'est *pas* un système de loi. Beaucoup de gens se tournent vers la loi pour régler le problème du vieux moi. Mais l'échec d'Israël, à qui a été donné la loi de Moïse, est la démonstration que la loi n'atteint pas le but recherché. Ce n'est pas parce qu'il y a du mauvais dans la loi. La loi est bonne en elle-même comme Paul le dit dans Romains 7, mais elle ne peut pas changer le rebelle. Et tout ce qui ne peut pas changer le rebelle n'est pas une solution qui s'inscrit dans la durée.

Troisièmement, la solution de Dieu pour le vieil homme n'est *pas* la religion. La religion est un peu comme un réfrigérateur. Elle peut cacher temporairement la corruption ou l'arrêter, mais en fin de compte elle ne peut pas changer les choses. Prenons par exemple une pêche pulpeuse. Elle semble fraîche et appétissante et pourtant laissée dehors elle va moisir parce que le processus de corruption est déjà à l'œuvre en elle. Il est possible d'arrêter le processus de corruption pour un petit moment en la mettant au réfrigérateur. Mais en fin de compte, même au réfrigérateur elle va moisir.

La solution de Dieu

La solution de Dieu pour le vieil homme peut se résumer en un mot familier: l'exécution. Dieu n'emmène pas le vieil homme à l'Eglise ou chez le psychiatre. Il ne l'améliore pas, il ne le réforme pas. Il ne le rend pas religieux. Dieu exécute le vieil homme. Il n'y a pas d'autre solution pour ce rebelle. Mais la bonne nouvelle de l'Evangile, c'est que l'exécution a déjà eu lieu en Christ! C'est la clé pour comprendre le message de l'Evangile.

Paul dit que Jésus nous a libérés (voir Romains 7:24-25). Comment Jésus nous a-t-il libérés? "Notre vieille nature a été crucifiée avec lui, afin que ce corps de péché soit réduit à l'impuissance et que nous ne soyons plus esclaves du péché;" (Romains 6:6)

La seule façon d'échapper à l'esclavage du péché c'est de connaître et de croire que notre vieux moi, cette nature bassement mortelle a été crucifiée avec Jésus. Quand Jésus est mort sur la croix, ce rebelle, ce vieux moi, a été exécuté avec lui.

Il y a quelques années de cela, vers Pâques, j'ai eu à l'esprit une image de la colline du Calvaire -ou Golgotha- avec trois croix dressées. La croix du milieu, ressortait. Elle était plus haute que les deux autres de chaque côté. En ayant cette scène devant les yeux, le Saint-Esprit me parla. Il me posa une question: "Pour qui la croix centrale a-t-elle été faite?" Puis, c'est comme il ajoutait: "Attention. Réfléchis avant de répondre."

J'y réfléchis donc un moment et je lui donnai ma réponse. "La croix du centre était pour Barrabas." C'est un fait. Barrabas aurait dû être exécuté sur cette croix du milieu mais au dernier moment par une providence divine a eu lieu un échange et Jésus a pris sa place.

Alors le Saint-Esprit me dit: "Si la croix centrale était pour Barrabas et que Jésus y a été crucifié, alors Jésus a pris la place de Barrabas."

Je répondis: "Oui, c'est vrai."

Puis le Saint-Esprit continua: "Mais je croyais que Jésus avait pris ta place."

Et je lui dis: "Oui, il l'a fait."

Alors le Saint-Esprit dit: "Alors tu dois être Barrabas."

A cet instant, j'ai réalisé, ce fut comme une illumination. C'est une vérité spirituelle que je ne remettrai jamais en question. Je l'ai simplement admis. La parole de Dieu le dit clairement. Mais seul le Saint-Esprit peut nous aider à le voir: *Tu es le criminel! Ton vieil homme est le criminel, celui pour qui cette croix était légitimement dressée. Elle a été faite spécifiquement pour toi. Elle te correspond. C'est là que tu devrais être.*

Mais voici le glorieux et merveilleux message de l'Evangile sur la miséricorde de Dieu. Au dernier moment, un échange a eu lieu. Jésus a pris la place de Barrabas, le vieil homme.

Comment donc vivons-nous?

Lors de cette substitution Christ s'est donné pour nous. Il s'est identifié à notre rébellion et il a payé la peine de ce rebelle. Il a été exécuté sous le jugement de Dieu à notre place. Comme c'était un échange, Paul voit non seulement l'identification de Jésus à nous, mais également notre identification à Jésus. Il l'affirme par ces paroles:

"J'ai été crucifié avec Christ, et si je vis ce n'est plus moi qui vis mais Christ qui vit en moi; ma vie présente dans la chair, je la vis dans la foi au Fils de Dieu, qui m'a aimé et qui s'est livré lui-même pour moi." Galates 2:20

Quand Christ est mort, je suis mort," déclare Paul. "C'était ma mort." Puis Paul continue: "En conséquence, ce n'est plus moi qui vis." Si c'est vrai, alors comment est-il encore en vie? La réponse de Paul est simple et directe: "Christ vit en moi."

Chacun d'entre nous peut dire ce que Paul dit: "Maintenant c'est Christ qui vit en moi. Ce n'est plus ma vieille nature rebelle et déchue qui est à l'œuvre. Au lieu de cela, c'est la nouvelle nature, la nature divine de Jésus qui produit en moi la justice de Jésus et qui me permet de vivre une vie complètement différente."

Paul réaffirme plus loin ce même principe dans sa lettre aux Colossiens, en écrivant aux chrétiens: "Car vous êtes morts et votre vie est cachée avec le Christ en Dieu. Quand le Christ, votre vie, paraîtra, alors vous paraîtrez aussi avec lui dans la gloire." (Colossiens 3:3-4) Quand sommes-nous morts? Nous sommes morts quand Jésus est mort; c'était notre mort. Nous n'avons plus notre vie -nous avons une vie cachée, secrète, une vie que ce monde avec ses sens restreints ne peut ni apprécier ni comprendre.

Encore une fois, nous pouvons dire avec Paul: "Ce n'est plus moi qui vis, mais Christ qui vit en moi." La vie que je vis aujourd'hui -dans ce siècle présent, dans ce corps- je la vis par la foi au Fils de Dieu qui m'a aimé et s'est donné lui-même pour moi. C'est donc là la merveilleuse vérité que l'Ecriture déclare: Nous sommes passés de la mort à la vie.

Ensevelissement et résurrection

Grâce à ce magnifique échange qui nous a fait passer de la mort à la vie, un autre échange a pu avoir lieu. Nous sommes identifiés à Jésus dans tout ce qui a suivi sa mort: son ensevelissement et sa résurrection. Regardez ce résumé détaillé de l'Evangile donné par Paul dans 1 Corinthiens:

"Je vous rappelle, frères, l'Evangile que je vous ai annoncé, que vous avez reçu, dans lequel vous demeurez fermes, et par lequel aussi vous êtes sauvés, si vous le retenez dans les termes où je vous l'ai annoncé; autrement, vous auriez cru en vain. Je vous ai transmis, avant tout, ce que j'avais aussi reçu: Christ est mort pour nos péchés, selon les Ecritures; il a été enseveli, il est ressuscité le troisième jour, selon les Ecritures." 1 Corinthiens 15:1-4

Paul affirme ici l'essence de l'Evangile. Il est centré sur Christ et contient trois affirmations successives. La première Christ est mort; deuxièmement, il a été enseveli; troisièmement, il est ressuscité le troisième jour. C'est le cœur et l'essence absolue de l'Evangile et cela ne dépend d'aucune contribution humaine supplémentaire et n'a besoin d'aucune amélioration.

A l'époque et dans le contexte de Paul, "selon les Ecritures" signifie selon l'Ancien Testament. Nous pourrions nous demander: où est-il écrit dans l'Ancien Testament que Jésus ressusciterait le troisième jour? Je me demande si vous vous êtes déjà posé cette question. Cela m'a laissé perplexe durant plusieurs années mais je crois que Dieu m'a montré la réponse.

Tout d'abord, Jésus a dit qu'il sera comme Jonas de l'Ancien Testament. Nous savons que Jonas a été trois jours dans le ventre du poisson. De même Jésus a été trois jours dans les entrailles de la terre. C'est une présentation imagée, mais le seul endroit que je connaisse dans l'Ancien Testament où cela est mentionné spécifiquement se trouve dans le livre du prophète Osée:

"Venez, retournons à l'Eternel! Car il a déchiré, mais il nous guérira; il a frappé mais il pansera nos plaies. Il nous rendra la vie dans deux jours; le troisième jour, il nous relèvera." Osée 6:1-2

Ce qui a été tué va revivre. Cela reviendra à la vie, et cela arrivera après deux jours -le troisième jour. Mais voici un point significatif: tout cela s'applique à nous et pas simplement à lui. Il ne dit pas qu'*il* va le ressusciter mais qu'il va *nous* ressusciter.

Jésus s'est identifié à nous dans sa mort pour notre péché. En acceptant cette identification, en nous identifiant avec sa mort, et en disant comme Paul "Je suis crucifié avec Christ" alors la voie est ouverte pour que nous puissions nous identifier à Jésus dans tout ce qui suit: son ensevelissement, sa résurrection et même son ascension.

Au verset suivant, le prophète continue:

"Connaissons, cherchons à connaître l'Eternel; sa venue est aussi certaine que celle de l'aurore. Il viendra pour nous comme une ondée, comme la pluie du printemps qui arrose la terre." Osée 6:3

Nous voyons une autre image de la résurrection de Jésus dans ces paroles: "sa venue est aussi certaine que celle de l'aurore." La résurrection était comme l'aurore après une longue nuit. Ensuite, Osée dit: "il viendra pour nous comme une ondée, comme la pluie du printemps qui arrose la terre." La pluie du printemps et la pluie qui descend sur la terre sont utilisées plusieurs fois dans la Bible comme une image de la venue sur terre du Saint-Esprit.

Nous avons donc l'annonce, non pas seulement de la résurrection, mais aussi de ce qui a eu lieu cinquante jours après la résurrection -la venue du Saint-Esprit. Cette parole d'Osée nous montre que Jésus devait mourir, être enseveli et ressusciter le troisième jour. Mais elle nous dit aussi que nous devons nous identifier à lui dans sa mort, son ensevelissement et sa résurrection. La promesse c'est que si nous continuons à connaître le Seigneur, nous verrons non seulement l'aurore de sa résurrection mais la pluie de la venue de son Saint-Esprit.

Il existe un acte spécifique par lequel Dieu nous demande et nous rend capables de nous identifier à Jésus dans sa mort, son ensevelissement et sa résurrection. C'est l'acte visible du baptême. Etre baptisé est être enseveli avec Christ. C'est être uni à lui dans sa mort. Et les écritures nous donnent cette garantie: si nous sommes unis à lui dans son ensevelissement, alors nous le suivrons aussi dans sa résurrection vers une nouvelle vie. (Voir Romains 6:3-5; Colossiens 2:12)

Nouvelle naissance vers une nouvelle façon de vivre

Lors d'une naissance naturelle, la tête vient en premier. Lorsque la tête émerge, nous savons que le corps va suivre. Il en est de même de la naissance spirituelle. De sa renaissance après la mort, Jésus, la tête du corps, a émergé en premier. Qu'est-ce que cela nous dit? Que nous sommes unis à lui, qui est notre tête dans cette naissance vers un nouvel ordre de création. Nous le suivrons dans la plénitude dans laquelle il est entré à travers sa mort et sa résurrection d'entre les morts.

Avec Jésus comme tête, nous, en tant que membres de son corps, sommes unis à lui et le suivons dans sa renaissance. Nous le suivons de la mort vers un ordre totalement nouveau, une vie totalement nouvelle, une union avec lui qui nous emmène partout où il va. Cette relation avec Jésus nous emmène non seulement dans la résurrection mais dans l'ascension vers la gloire du ciel et dans un lieu d'autorité à la droite de Dieu le Père. Ecoutez comment Pierre l'exprime:

"Béni soit Dieu le Père de notre Seigneur Jésus-Christ qui, selon sa grande miséricorde, nous a régénérés, par la résurrection de Jésus-Christ d'entre les morts, pour une espérance vivante, pour un héritage qui ne peut ni se corrompre, ni se souiller, ni se flétrir et qui vous est réservé dans les cieux." 1 Pierre 1:3-4

C'est la naissance d'un ordre ancien vers un ordre nouveau, vers une nouvelle façon de vivre, vers un nouveau genre de vie. Dans le passage de Pierre, trois mots décrivent ce nouvel ordre qui surpasse de loin le vieil ordre qui nous est familier. Cet héritage ne peut ni se corrompre, ni se souiller ni se flétrir. Il ne peut pas être touché par la corruption, ni par la pourriture, ni être contaminé par le péché. Il ne peut pas se souiller. Il ne se flétrira jamais. Il n'est pas sujet aux forces mauvaises et corruptibles avec lesquelles nous sommes familiers.

Ce nouvel héritage n'est pas du tout comme le vieil ordre, qui nous tirait vers le bas toute notre vie et nous vainquait. Nous sommes passés de ce royaume vers un nouveau royaume en Jésus en nous identifiant à lui. Nous sommes nés de nouveau à une espérance vivante.

En avançant dans la connaissance de cette glorieuse vérité, le fait que Jésus est mort de notre mort afin que nous puissions entrer pleinement dans sa vie, nous nous dirigerons alors non pas seulement vers une nouvelle vie mais une vie complètement différente. Dans l'ancien ordre des choses, c'était comme si notre vocation était impossible à connaître, impossible à atteindre. Dans le nouvel ordre, nous vainquons la défaite. Nous voyons et accomplissons notre mission pour le royaume parce que nous comprenons notre identification à Jésus. Nous pouvons dire comme Paul: "Misérable que je suis! Qui me délivrera de ce corps de mort? Mais grâces soient rendues à Dieu! Il m'a libéré."

10

Le nouveau moi: là où vous êtes conduit

"Considérez-vous comme morts au péché, mais vivants pour Dieu en Christ." Romains 6:11

Comme Jean Baptiste le dit à propos de Jésus, "il faut qu'il croisse et que je diminue". (Jean 3:30) C'est un principe pour chacun d'entre nous. Lui, Jésus (le nouvel homme) doit croître mais moi, (le vieil homme) je dois diminuer. La croissance du nouveau moi est proportionnelle à la diminution du vieil homme. Il faut qu'il y ait une mort avant que puisse s'installer la liberté de marcher dans l'appel de la nouvelle vie.

Même ainsi, le vieil homme ne va pas abandonner sans combat. Nous devons le traiter en deux étapes. La première c'est d'accepter par la foi ce que Dieu dit du vieil homme: "Notre vieille nature a été crucifiée avec lui." Romains 6:6. C'est un fait historique affirmé dans la parole de Dieu. Nous devons l'accepter par la foi. Nous acceptons le récit de l'Ecriture qui nous dit que l'exécution a eu lieu en Jésus quand il est mort sur la croix. Notre foi repose sur les affirmations de la parole de Dieu et nous nous considérons comme morts. Nous considérons le vieil homme mort, pour avoir été exécuté et nous nous considérons vivants pour Dieu en Jésus-Christ. Nous affirmons la vie et l'œuvre du nouveau moi.

Ensuite, le processus que Paul décrit doit être activé progressivement. Nous reconnaissons que c'est vrai une fois pour toutes mais nous le mettons à l'œuvre chaque jour de notre vie. Paul continue en disant:

"Que le péché ne règne donc pas dans votre corps mortel, et n'obéissez pas à ses convoitises. Ne livrez pas vos membres au péché, comme armes pour l'injustice; mais livrez-vous vous-mêmes à Dieu comme des vivants revenus de la mort, offrez à Dieu vos membres, comme armes pour la justice." Romains 6:12-13

Le vieil homme essaiera de continuer à agir comme s'il avait des droits et comme si nous devions encore nous abandonner à lui en lui permettant de s'exprimer. Nous devons continuer à refuser les exigences du vieil homme. Jésus a dit que la première étape pour le suivre c'est de nous renier nous-mêmes et renier signifie dire 'non'. Chaque fois que le vieil homme essaie de se réaffirmer, se tenir mal et agir pour prendre le contrôle nous disons: "Tu n'as aucun droit. Tu es mort. Je ne m'abandonnerai pas à toi."

Du côté positif, nous nous présentons au Saint-Esprit. Nous lui abandonnons nos membres -chaque partie de notre corps et de notre personnalité- . Nous devons permettre au Saint-Esprit d'entrer et de prendre le contrôle. Quand nous le faisons, le résultat est l'obéissance. C'est ainsi que le nouvel homme agit - par obéissance, par abandon. Le nouvel homme est l'opposé du rebelle, qui s'exprime dans la désobéissance.

Paul nous invite à: "être renouvelés par l'Esprit dans votre intelligence, et revêtir la nature nouvelle, créée selon Dieu dans une justice et une sainteté que produit la vérité." (Ephésiens 4:23-24)

Nous apprenons plusieurs choses ici qui nous aident à progresser dans l'obéissance. Premièrement, le nouvel homme est produit par un acte créatif de Dieu. Ce n'est pas quelque chose que l'homme peut produire par ses propres efforts -par la religion, les bonnes œuvres ou le légalisme. Ensuite, l'acte créatif de Dieu procède de la vérité, c'est-à-dire de la vérité de la parole de Dieu. C'est exactement l'opposé du vieil homme qui est le produit du mensonge de satan. De plus, la nature du nouvel homme est décrite par deux mots: *justice* et *sainteté*. Et enfin, Paul dit que le nouvel homme est à la ressemblance de

Dieu ou comme le disent dans la marge la plupart des versions selon le dessein de Dieu. Les deux sont légitimes et je crois que Paul inclut ces deux significations. Le nouvel homme est créé selon le dessein originel de Dieu pour l'homme et dans le nouvel homme la ressemblance avec Dieu est restaurée.

Dans Colossiens, Paul nous donne une autre direction:

"Ne mentez pas les uns aux autres vous qui avez dépouillé la vieille nature avec ses pratiques et revêtu la nature nouvelle qui se renouvelle en vue d'une pleine connaissance selon l'image de celui qui l'a créée." Colossiens 3:9-10

Nous voyons ici les deux côtés de la médaille: le programme de Dieu pour le vieil homme et le programme de Dieu pour le nouvel homme. Pour nous aider à comprendre l'origine, la nature, le dessein et la réponse du nouvel homme, nous allons nous poser quatre questions dans ce chapitre:

Comment est produit le nouvel homme?

Comment amener cette nouvelle personne en nous à maturité?

Quel est le programme de Dieu pour le nouvel homme?

Quelle est notre ultime responsabilité?

Le lieu de départ

Comment est produit le nouvel homme? L'Evangile de Jean nous donne une affirmation sur l'origine du nouvel homme.

"Mais à tous ceux qui l'ont reçue, elle a donné le pouvoir de devenir enfants de Dieu, à ceux qui croient en son nom et qui sont nés, non du sang ni de la volonté de la chair, ni de la volonté de l'homme, mais de Dieu." Jean 1:12-13

Le nouvel homme est produit par une naissance. Dans Jean 3:5 Jésus décrit cette nouvelle naissance comme être "né d'eau et d'Esprit." Pierre nous dit ceci: "Vous qui avez été régénérés, non par une semence corruptible mais par une semence incorruptible, par la parole vivante et permanente de Dieu." (1 Pierre 1: 23)

Cette semence incorruptible est en premier lieu la parole écrite de Dieu. Elle est divine, incorruptible et éternelle. La nature qu'elle engendre est elle aussi divine, incorruptible et éternelle. Autrement dit, quand nous recevons la parole écrite de Dieu par la foi et que nous lui obéissons, l'Esprit de Dieu fait germer en nous la nature même de Dieu: divine, incorruptible et éternelle.

Cette semence incorruptible se réfère aussi à Jésus lui-même, la Parole faite chair. Dans Jean 1:1 le titre "la Parole" de Dieu est utilisé trois fois dans le même verset. "Au commencement était la Parole, et la Parole était avec Dieu et la Parole était Dieu." Cela se réfère à celui qui s'est manifesté dans le temps dans une chair humaine en tant que Jésus de Nazareth. Dans Apocalypse on nous donne une description de Jésus qui retourne à la gloire et à la puissance pour régner. "Et il est vêtu d'un manteau trempé de sang. Son nom est la parole de Dieu." (Apocalypse 19:13)

L'Evangile est la parole de Dieu prêchée et Jésus est la parole de Dieu vivante. Il y a une relation directe entre les deux. Quand nous recevons et que nous croyons la parole prêchée, elle agit comme une semence. La semence produit en nous par l'action du Saint-Esprit à travers notre obéissance, une nouvelle nature. Cette nouvelle nature est comme la semence qui l'a engendrée: elle est divine, éternelle et incorruptible. Le vieil homme est essentiellement corrompu. Le nouvel homme est incorruptible, il produit en nous la nature même du Fils de Dieu, Jésus-Christ.

Exposer notre intelligence à la vérité

Comment amenons-nous ce nouvel homme à la maturité en accomplissant les desseins de Dieu en nous? Revenons encore une fois à Ephésiens 4 où nous voyons qu'entre "se dépouiller de la vieille nature" (verset 22) et "revêtir la nature nouvelle" (verset 24), Paul dit que nous devons faire quelque chose. Nous devons être renouvelés dans l'esprit de notre intelligence (verset 23). Il faut qu'il se passe quelque chose au niveau de notre intelligence ou notre esprit -un changement radical dans la façon de penser.

Cela ne peut se faire que par le Saint-Esprit. D'où la référence au mot *esprit*. Alors qu'auparavant notre esprit était dominé et contrôlé par les mensonges et les tromperies de satan, nous devons de même exposer notre esprit au Saint-Esprit, l'Esprit de vérité, qui amène en nous la vérité de Dieu.

"Ne vous conformez pas au siècle présent mais soyez transformés par le renouvellement de votre intelligence afin que vous discerniez quelle est la volonté de Dieu: ce qui est bon, agréable et parfait." Romains 12:2

Paul nous enseigne à ne pas nous conformer à ce monde - c'est-à-dire de ne pas laisser le vieil homme faire sa volonté dans nos vies. Au lieu de cela, nous devons être transformés, pour découvrir la volonté de Dieu, qui est le développement et la maturation du nouvel homme. Dans Ephésiens 4 et Romains 12, Paul affirme que la phase essentielle dans le processus de croissance du nouvel homme est le renouvellement de notre intelligence, une œuvre du Saint-Esprit. Paul, en priant pour les chrétiens d'Ephèse, décrit ce qui va ensuite se passer: "Qu'il illumine les yeux de votre cœur afin que vous sachiez quelle est l'espérance qui s'attache à son appel, quelle est la glorieuse richesse de son héritage au milieu des saints." (Ephésiens 1:18)

"L'espérance de son appel" est le plein développement du nouvel homme. Mais avant que nous puissions savoir cela, les yeux de notre cœur doivent être illuminés par le Saint-Esprit. Cela implique que nos cœurs étaient dans les ténèbres et l'ignorance. Le Saint-Esprit doit amener la lumière de la vérité jusqu'à nous. Et à travers la vérité, nos yeux sont illuminés et nous pouvons voir clairement l'appel que Dieu a pour nous dans le nouvel homme.

Le Saint-Esprit nous aide à faire cela en utilisant l'Ecriture comme un miroir. Jacques nous dit que certaines personnes regardent dans la parole de Dieu mais qu'ensuite elles s'en vont comme elles sont venues. Présenter la parole de Dieu à de telles personnes ne leur fait aucun bien parce que même si elles voient à quoi elles ressemblent dans le miroir elles s'en détournent en oubliant ce que le miroir leur a montré d'elles sans prendre les mesures qui s'imposent. Jacques dit que l'alternative consiste à "plonger les regards dans la loi parfaite, la loi de la liberté, et persévérer, non pas en l'écoutant pour l'oublier, mais en la pratiquant activement, celui-là sera heureux dans son activité." (Jacques 1:25)

Le miroir nous montre en fait les deux natures, les deux 'moi'. Il nous montre tout d'abord ce que nous sommes par nature: le vieil homme, Barrabas le criminel, celui qui mérite d'être sur la croix. Puis si nous acceptons ce verdict, en croyant ce que Dieu a promis, le miroir nous montre aussi ce que nous pouvons devenir par grâce, le nouvel homme. C'est exactement ce que Paul dit dans 2 Corinthiens 3:18:

"Nous tous, qui le visage dévoilé, reflétons comme un miroir la gloire du Seigneur, nous sommes transformés en la même image, de gloire en gloire comme par le Seigneur, l'Esprit."

Remarquez encore une fois le mot *transformé*. Souvenez-vous que Paul a dit que nous devions être transformés par le renouvellement de l'intelligence. En fait, notre intelligence est renouvelée quand nous regardons dans le miroir de la parole de Dieu et que nous y voyons la gloire du Seigneur. C'est l'image de ce en quoi Dieu veut nous changer - l'image de Dieu restaurée dans le nouvel homme. Nous voyons aussi que ce changement en nous est un processus de victoire continuelle, (de gloire en gloire) et celui qui accomplit ce processus, c'est l'Esprit, le Saint-Esprit. Mais il n'œuvre en nous que quand nous regardons dans le miroir de la parole de Dieu.

Le plan de Dieu pour nous

Quel est le programme de Dieu pour l'homme nouveau? Quel est le but pour lequel Dieu a créé l'homme nouveau? Pour répondre et comprendre ces questions, nous devons revenir au dessein originel de Dieu pour l'humanité. En parlant de notre place et de notre relation à Dieu en Christ, Paul dit:

"En lui nous avons aussi été mis à part, prédestinés selon le plan de celui qui opère tout selon la décision de sa volonté." Ephésiens 1:11

C'est une bonne nouvelle. Nous avons vu au chapitre 2, que le fait d'être connu d'avance, d'être prédestiné et choisi faisait partie de notre appel. Nous devons comprendre que quand Dieu établit son dessein, il ne l'abandonne jamais! Nous sommes en accord avec le plan d'un Dieu qui fait tout en conformité avec le dessein de sa volonté. Au final, tout s'accordera avec cette volonté. Cela s'applique à son dessein originel à la création de l'homme. Le péché et satan ont retardé les choses mais au final, ils ne les empêcheront pas! Dieu n'est pas concerné par le temps de la même façon que nous. En fait, il est extrêmement patient. Cela peut prendre plusieurs années ou des siècles peut-être même plusieurs milliers d'années, mais au final, il accomplira son dessein et son plan.

Le dessein originel de Dieu en créant l'humanité est affirmé au commencement de la Bible:

"Dieu dit: Faisons les humains à notre image, selon notre ressemblance, pour qu'ils dominent sur les poissons de la mer, sur les oiseaux du ciel, sur le bétail, sur toute la terre et sur toutes les bestioles qui fourmillent sur la terre." Genèse 1:26, NBS[§]

[§] Le texte hébreu originel donne le pluriel pour 'et qu'ils dominent', d'où le choix de la version Nouvelle Bible Segond, n.d.t.

Nous remarquons que Dieu parle de l'homme tout d'abord au singulier puis au pluriel. Il dit: "Faisons l'homme." Et ensuite: "qu'ils dominent". Autrement dit, il parle de son dessein pour toute la race humaine, et pas simplement pour un individu.

Cette affirmation de Dieu révèle deux desseins principaux. Le premier c'est que l'homme doit montrer sa ressemblance avec Dieu. Dans le récit de la création dans les premiers chapitres de la Genèse, Dieu a créé l'homme le sixième jour puis il s'est reposé. Il a eu son sabbat le septième jour. Cela nous montre que Dieu ne s'est pas reposé tant qu'il n'avait pas donné naissance à sa ressemblance. Tout le reste de la création a été créé pour cet objectif suprême -que Dieu reproduise sa propre ressemblance. C'est aussi vrai- je crois dans la nouvelle création. Dieu ne se reposera pas tant qu'il n'aura pas reproduit sa propre ressemblance.

Le deuxième but pour l'homme c'est d'exercer l'autorité de la part de Dieu. Il a dit à l'homme; "qu'il domine" puis il a ajouté: "sur toute la terre". L'homme était fait pour être celui que Dieu avait désigné pour régner, exerçant l'autorité de la part de Dieu sur toute la terre.

Le péché de l'homme a gâché ces deux buts que Dieu avait pour lui. Tout d'abord l'image de Dieu a été marquée par le péché. Ensuite l'homme qui était destiné à régner est devenu esclave -esclave du péché et de satan.

Notre responsabilité et notre destinée
Quelle est notre ultime responsabilité? Souvenez-vous: Dieu accomplira toujours son dessein et son plan. Romains 8:29 nous dit ceci:"Car ceux qu'il a connus d'avance, il les a aussi prédestinés à être semblables à l'image de son Fils, afin qu'il soit le premier-né d'un grand nombre de frères."

Le dessein de Dieu, la destinée de Dieu pour l'homme nouveau consiste tout d'abord à se conformer à l'image de son Fils afin qu'il (le Fils, Jésus) soit le premier-né parmi beaucoup de frères. Le plan de Dieu est de donner naissance à beaucoup d'enfants, qui tous soient à la ressemblance du Fils aîné de Dieu, son premier-né, son unique, Jésus. C'est notre première responsabilité dans la nouvelle création, pour le nouvel homme.

Notre deuxième responsabilité c'est d'exercer l'autorité de Christ de sa part. Après sa résurrection, Jésus a dit à ses disciples: "Toute autorité m'a été donnée dans le ciel et sur la terre. Allez donc, et faites disciples toutes les nations," Matthieu 28:18-19 (Darby)

Voici un nouveau "donc" et nous devons voir ce point. Jésus dit: "le pouvoir m'a été donné mais je vous envoie pour exercer cette autorité de ma part en tant que représentants délégués." Notre responsabilité est d'exercer l'autorité de Christ de sa part en faisant des disciples de toutes les nations.

Cela s'exprime par deux actions que Jésus nous demande de faire: premièrement, les baptiser au nom du Père, du Fils et du Saint-Esprit. (Matthieu 28:19) Autrement dit, quand nous utilisons le nom de la Trinité, cela indique que l'autorité de cette Trinité est derrière tout ce que nous faisons. L'action suivante c'est d'enseigner à observer tout ce que Jésus a commandé (voir verset 20). Notre enseignement est l'expression de l'autorité déléguée de Jésus-Christ. Nous ne sommes pas envoyés pour enseigner ce qui nous plaît: nous sommes mandatés pour enseigner tout ce que Jésus a enseigné à ses premiers disciples. Ce processus doit continuer jusqu'à la fin des temps comme le dit Jésus: "Et voici je suis avec vous jusqu'à la fin des temps." (verset 20)

Il y a encore un fait à considérer. Le voici: ces desseins pour le nouvel homme ne peuvent s'accomplir complètement par aucun individu seul. Mais leur accomplissement exige l'homme nouveau collectif: le corps de Christ. Paul dit:

"Car c'est lui (Jésus) notre paix, lui qui des deux n'en a fait qu'un, (juifs et gentils) en détruisant le mur de séparation, l'inimitié. Il a dans sa chair annulé la loi avec ses commandements et dispositions pour créer en sa personne, avec les deux un seul homme nouveau." (Ephésiens 2:14-15)

L'homme nouveau est composé de tout le peuple de Dieu et opère à travers ce corps collectif. Paul explique "De lui (Jésus) le corps tout entier bien ordonné et cohérent, grâce à toutes les jointures qui le soutiennent fortement tire son accroissement dans la mesure qui convient à chaque partie et s'édifie lui-même dans l'amour." (Ephésiens 4:16)

Nous devons devenir un corps complet qui exprime un nouvel homme collectif. Ce nouvel homme reconstitue le ministère terrestre de Jésus et ainsi accomplit notre responsabilité: montrer Dieu au monde et exercer l'autorité de sa part.

Nous ne pouvons pas accomplir notre appel, nous ne pouvons pas faire progresser le royaume, nous ne pouvons pas atteindre notre plein potentiel ni utiliser correctement notre autorité tant que nous ne marchons pas dans la liberté du nouvel homme -à la fois individuellement et collectivement. Continuons avec ce que cette liberté signifie pour l'homme nouveau collectif, le Corps de Christ.

11

Accomplir votre mission

"L'Esprit et l'épouse disent: Viens!" Apocalypse 22:17

Très simplement, le Corps de Christ est l'Epouse et nous marchons dans l'obéissance à notre appel quand nous acceptons ce que l'Esprit dit. Le but de Dieu n'est pas accompli si c'est seulement l'Esprit qui dit: "Viens" ou si c'est le prédicateur qui dit: "Viens". Dieu attend que tout le Corps dise: "Viens." Cela n'arrivera que quand l'Esprit peut faire sa volonté avec l'Epouse.

Le principe de l'Epouse est vraiment l'apogée de l'histoire humaine. C'est vers cela que tend toute l'histoire et c'est excitant de penser que toute l'histoire est construite en vue d'un mariage. Peu de chrétiens réalisent l'importance du mariage aux yeux de Dieu. Nous honorons le mariage, bien sûr, et nous croyons en la fidélité mais je ne crois pas que nous soyons suffisamment enthousiastes à propos du mariage autant que nous le devrions.

Ruth et moi avons écrit un livre intitulé "Dieu est un faiseur de mariage" qui explique comment vous pouvez trouver le plan de Dieu pour votre mariage. Le livre ne parle pas de la façon dont vous devez vivre après le mariage mais comment vous devez vivre de sorte que vous épousiez la personne que Dieu a prévue pour vous. Je crois que Dieu a prévu un conjoint particulier pour toute personne qui doit se marier. J'ai entendu des chrétiens dire: "Dieu m'a montré la maison dans laquelle je devais vivre… la voiture que je devais acheter… le costume que je devais porter…" Si Dieu fait cela, il est sûrement aussi important qu'il vous montre qui vous devez épouser.

J'ai été marié deux fois. Dieu m'a montré de façon souveraine et surnaturelle à chaque fois qui je devais épouser. Dieu sait que je ne sais pas bien juger les personnalités. (Je suis souvent trompé par certains types de personnes.) Alors Dieu ne m'a pas fait confiance pour choisir ma propre femme. Il m'a montré très clairement qui je devais choisir et je suis si heureux d'avoir fait à chaque fois le bon choix.

Les vêtements de l'Epouse

L'histoire humaine commence par un mariage et elle se termine par la consommation d'un mariage: le souper des noces de l'Agneau qui accomplit tout le dessein de Dieu pour son peuple. Si vous n'êtes pas enthousiaste à l'idée du mariage, vous n'êtes pas en accord avec les desseins de Dieu. Tout l'univers va s'enthousiasmer pour cela. La louange que nous entendrons à cette occasion n'a jamais été encore entendue avec une telle ampleur dans l'univers.

"Réjouissons-nous, soyons dans l'allégresse et donnons-lui gloire, car les noces de l'Agneau sont venues, et son épouse s'est préparée. Il lui a été donné de se vêtir de fin lin, éclatant et pur. Le fin lin, ce sont les œuvres justes des saints." Apocalypse 19:7-8

Quand une femme se marie elle se sent en général très impliquée dans le choix de ses vêtements pour la cérémonie de mariage. Dans de nombreuses cultures de pays que j'ai visités j'ai toujours vu que c'était vrai. Je ne crois pas que ce soit de la vanité ou des mondanités Je crois qu'en fait cela plaît à Dieu.

L'Epouse de Christ est aussi concernée par son vêtement. Elle va être revêtue de quelque chose de spécial: "du fin lin, éclatant et pur". Ce sera un habit étincelant. Le livre de l'Apocalypse nous dit en quoi sera cet habit: "des actes justes des saints." Cela montre que pour que l'Epouse soit correctement habillée, comme elle doit l'être et comme Dieu s'y attend, -l'Epouse, l'Eglise doit faire tout ce que Dieu attend d'elle. Autrement, elle ne sera pas correctement vêtue. Nous devons accomplir tout acte juste que Dieu attend de nous -non pas individuellement mais collectivement en tant que Corps de Christ - avant que nous ne soyons prêts pour les noces.

Nous avons appris dans le chapitre 4 que quand nous sommes sauvés à travers la foi en Jésus-Christ nous recevons un don de justice. Nous n'avons pas besoin de faire quoi que ce soit pour cela; cela nous est imputé. Nous sommes revêtus du vêtement de la merveilleuse justice de Christ. Mais ce verset de l'Apocalypse ne parle pas de la justice *imputée*, qui est un don sur la base de la foi. Il parle de la justice *mise en œuvre*, qui sont des actes justes basés sur notre conduite individuelle et notre réponse. Ces actes de justice sont le vêtement que nous porterons pour l'éternité.

C'est une grande motivation pour moi, en marchant dans mon appel. Je m'exerce continuellement à n'omettre aucun acte de justice que Dieu a prévu pour moi dans mon ministère. Mais cela va bien au-delà de chacun d'entre nous personnellement. Cela s'applique au Corps de Christ tout entier. Nous allons avoir à accomplir de façon collective toutes nos missions et actes de justice avant d'être prêts pour les noces de l'Agneau. Lisons ces paroles encore une fois: "il lui a été donné de se vêtir de fin lin, éclatant et pur. Le fin lin, ce sont les œuvres justes des saints."

Tout acte de justice fait dans la foi et dans l'obéissance est un fil dans ce vêtement de lin. Je me demande si certains chrétiens n'auront pas des robes de mariage étriquées s'ils continuent à marcher dans leurs voies. C'est une pensée très profonde. Chacun d'entre nous devrait faire attention; nous devons accomplir les actes de justice qui nous sont dévolus avant que l'Epouse ne soit prête.

Les missions du royaume
Pour nous préparer au repas des noces de l'Agneau nous devons comprendre la nature de ce que Dieu demande de

l'Eglise. La responsabilité de l'Eglise a trait aux diverses missions concernant le royaume de Dieu.

Quand le Nouveau Testament parle de l'Evangile, il l'appelle presque toujours "l'Evangile du royaume". L'Evangile annonce la bonne nouvelle que Dieu va établir son royaume sur terre. Nous avons trois responsabilités principales en rapport avec cette bonne nouvelle. Premièrement, nous devons proclamer la bonne nouvelle du royaume. Deuxièmement, nous devons démontrer le royaume dans notre vie collective. Cela signifie que nous devons montrer aux gens -par la façon dont nous vivons et nous nous comportons envers les autres à quoi ressemble le royaume de Dieu parce que le royaume de Dieu est déjà en nous. "Car le royaume de Dieu, c'est non pas le manger ni le boire, mais la justice, la paix et la joie par le Saint-Esprit." (Romains 14:17)

Sans le Saint-Esprit, il est impossible de démontrer le royaume. Nous sommes obligés non seulement individuellement mais encore plus collectivement de démontrer au monde entier la nature du royaume de Dieu par nos vies -des vies de justice, de paix et de joie par le Saint-Esprit.

Notre troisième responsabilité est de préparer le chemin pour l'établissement du royaume de Dieu sur terre. C'est vraiment ce que je veux partager avec vous dans la suite de ce chapitre car notre plus grand appel c'est d'être ses représentants et de nous aligner sur les desseins de Dieu. Comment préparons-nous le chemin pour l'établissement du royaume de Dieu sur terre?

Comment préparer le chemin

Pour répondre à cette question, nous allons regarder une série de passages dans l'Evangile de Matthieu.

Nous repentir et nous aligner sur le plan de Dieu

Nous devons d'abord nous repentir de la rébellion et nous aligner sur le dessein de Dieu. "Dès lors Jésus commença à prêcher et à dire: repentez-vous car le royaume des cieux (de Dieu) est proche." (Matthieu 4:17)

C'est le premier message de Jésus. Sa première proclamation, c'est: "Le royaume de Dieu est proche. Repentez-vous. Laissez de côté votre rébellion, votre propre volonté, votre propre plaisir, et préparez-vous à vous soumettre au Roi." C'est toute la portée de l'Evangile. Nous lisons plus loin:

"Jésus parcourait toute la Galilée, il enseignait dans les synagogues, prêchait la bonne nouvelle du royaume, et guérissait toute maladie et toute infirmité parmi le peuple. Sa renommée se répandit dans toute la Syrie. On lui amenait tous ceux qui souffraient de maladies et de douleurs diverses, des démoniaques, des lunatiques, des paralytiques, et il les guérit." Matthieu 4:23-24

Dieu veut que nous accomplissions ses desseins dans le royaume. Vous verrez que partout où on parle de l'Evangile du royaume, il est attesté par la guérison de malades. En fait, le royaume de Dieu et la maladie sont incompatibles. Ils ne peuvent pas coexister. Là où vient le royaume de Dieu, la maladie doit partir que ce soit individuellement ou dans l'Eglise.

Avoir la bonne priorité

Comment devons nous avoir les bonnes priorités en vue de préparer le chemin pour le royaume de Dieu? Nous devons premièrement nous approcher de Dieu de la bonne manière. Regardez la prière que Jésus nous a enseignée: "Notre Père qui es au cieux, que ton nom soit sanctifié. Que ton règne vienne. Que ta volonté soit faite sur la terre comme au ciel." (Matthieu 6:9-10)

Quand nous nous approchons de Dieu, quelle est la première demande que nous devons faire? "Que ton royaume vienne." Non pas "donne-nous notre pain quotidien" ni "pardonne-nous nos offenses." Ni "délivre-nous du mal". Ce sont toutes des demandes légitimes, mais la demande prioritaire est de s'aligner sur les desseins de Dieu:"Que ton royaume vienne, que ta volonté soit faite." Ce n'est que lorsque nous sommes alignés avec le dessein de Dieu que nous avons la légitimité de faire des demandes personnelles parce que tant que nous ne l'avons pas fait, nous sommes des rebelles. "Cherchez d'abord le royaume de Dieu et sa justice, et toutes ces choses vous seront données par-dessus." (Matthieu 6:33) Remarquez qu'il n'y a de justice que dans le royaume. Si vous n'êtes pas dans le royaume, vous êtes rebelle, et aucun rebelle n'est juste.

Avez-vous les bonnes priorités? Cherchez-vous d'abord le royaume de Dieu? Où se trouve-t-il quelque part en bas de votre liste? Etes-vous plus intéressé par vos besoins personnels et vos désirs que par le royaume de Dieu?

J'ai remarqué une chose sur les gens qui sont sous la puissance du diable (et j'en ai traité des centaines). Il ont pratiquement tous un problème en commun: ils sont égocentriques. C'est une prison dans laquelle le diable enferme les gens. Moi. Mes petits problèmes. Mes besoins. Mes préoccupations. Tant que vous vivez pour vos besoins, vous ne vivez pas dans le royaume. Jésus a dit de chercher premièrement le royaume et que toutes ces choses, vos besoins matériels, seraient pris en charge.

Le croyez-vous? J'aimerais vous dire que Dieu n'est pas pingre. Parfois, les conseils d'Eglises sont pingres. Les organisations missionnaires peuvent être pingres. Mais Dieu n'est pas pingre. Si l'organisation que vous servez vous met dehors, ou vous coupe les vivres, tombez dans les bras du Dieu vivant. Il prendra bien mieux soin de vous que la plupart des organisations religieuses.

Démontrer le royaume
Ensuite, nous préparons le chemin par une démonstration du royaume. Quand Jésus a envoyé les premiers disciples, il a dit: "En chemin prêchez que le royaume de Dieu est proche." Et comme le royaume de Dieu est proche quelle est la première

chose à faire? "Guérissez les malades, ressuscitez les morts, purifiez les lépreux, chassez les démons." (Matthieu 10:7-8) satan déteste ces ministères parce que ce sont des démonstrations publiques que le royaume de Dieu est venu.

Connaître l'opposition
Rappelez-vous que satan a lui aussi un royaume.

"Comme Jésus connaissait leurs pensées, il leur dit: Tout royaume divisé contre lui-même est dévasté et toute ville ou maison divisée contre elle-même ne peut subsister. Si satan chasse satan, il est divisé contre lui-même, comment donc son royaume subsistera-t-il? ... Mais si c'est par l'Esprit de Dieu que moi, je chasse les démons, le royaume de Dieu est donc parvenu jusqu'à vous." Matthieu 12:25-26, 28

Le royaume de satan ne peut pas être détruit et le royaume de Dieu ne peut pas s'établir sur terre tant que l'Eglise n'a pas accompli sa tache. C'est pourquoi satan, dont la suprême ambition est de conserver son royaume, fait tout ce qu'il peut pour tromper et aveugler l'Eglise. Il le fait pour l'éloigner de ses responsabilités premières parce qu'une fois qu'elle accomplit ses responsabilités, il sait que son royaume arrive à sa fin.

Satan n'est pas trop énervé quand des individus sont sauvés. Il ne s'énerve même pas quand de nouvelles Eglises se créent. Il n'aime pas ça bien sûr mais cela ne va pas lui coûter son royaume. Il y a deux choses qui vont lui coûter son royaume et cela fait partie de la mission suivante de l'épouse.

Préparer pour la fin
Les deux passages qui suivent nous disent ce qui va se passer avant que la fin du monde -et la fin du royaume de satan- arrive:

"Cette bonne nouvelle du royaume sera prêchée dans le monde entier pour servir de témoignage à toutes les nations. Alors viendra la fin." Matthieu 24:14

"Car je ne veux pas, frères, que vous ignoriez ce mystère, afin que vous ne vous regardiez pas comme sages: il y a endurcissement partiel d'Israël jusqu'à ce que la totalité des païens soit entrée. Et ainsi Israël sera sauvé selon qu'il est écrit: le libérateur (le Messie) viendra de Sion." Romains 11: 25-26

Dans le programme de Dieu, Jésus ne peut pas venir établir son royaume tant que d'abord l'Eglise n'a pas prêché l'Evangile du royaume dans le monde entier, et ensuite que la totalité des gentils n'est pas entrée, et qu'Israël n'est pas réconcilié avec Dieu à travers le Messie. Ce sont les deux choses auxquelles satan s'oppose avec toute sa force, sa malice et sa ruse. La plupart des activités religieuses dans lesquelles nous sommes engagés ne le troublent pas le moins du monde. Il s'en accommode parfaitement. Son royaume peut coexister avec la plupart des Eglises chrétiennes. Mais il craint ces deux choses et les combat: l'Evangile du royaume proclamé dans le monde à toutes les nations et la réconciliation d'Israël.

Si vous vivez au Moyen-Orient, vous vivez sur une poudrière parce que c'est là que va se produire la fin des temps. Toutes les forces du mal sont rassemblées dans cette petite zone de territoire à l'est de la Méditerranée parce que satan sait que tant qu'il peut garder la main mise sur Israël, son royaume est sauf.

Tous -individuellement et collectivement- avons besoin de prendre au sérieux le mandat donné à l'Epouse. En trouvant l'appel de Dieu pour nos vies, individuellement et collectivement et en vivant pour l'accomplir, nous préparons le chemin du royaume de Dieu sur terre. Nous prenons notre part dans l'accomplissement de la prière que Jésus nous a enseignée "que ton royaume vienne" car elle ouvrira la voie au Roi! Le retour de Jésus-Christ est le sujet du chapitre qui suit.

12

L'espérance de votre appel

"Alors la gloire de l'Eternel sera révélée. Et toute chair à la fois la verra; car la bouche de l'Eternel a parlé." Esaie 40:5

L'une des questions essentielles dans l'esprit de beaucoup de chrétiens c'est l'eschatologie. Dans ce chapitre nous allons voir quelle devrait être notre attitude envers le retour du Seigneur en rapport avec notre appel en Christ.

Eschatologie signifie comme vous le savez sans doute "étude de ce qui va arriver à la fin des temps." J'aimerais vous dire honnêtement qu'il y a beaucoup d'événements à venir à la fin des temps dont j'ignore tout. Mon eschatologie a des lacunes. Mais cela ne m'empêche pas d'affronter les faits objectifs. J'ai été formé à analyser la signification des mots. Peu importe mes préjugés, j'essaie de trouver ce que la Bible dit vraiment. Et en général, elle dit des choses différentes de ce à quoi je m'attendais.

L'Eglise primitive: observation et attente
Commençons par voir l'attitude des premiers chrétiens en ce qui concerne le retour du Seigneur. Je ne suis pas sûr de ce qu'était leur eschatologie, mais je pense que si nous prenons les paroles du Nouveau Testament comme elles sont, l'Eglise vivait dans l'anticipation enthousiaste du retour du Seigneur.

Nous allons regarder un certain nombre de passages dans les principales épîtres du Nouveau Testament. Je pourrais facilement en citer deux fois plus mais je crois que vous comprendrez. Nous commençons avec la lettre de Paul aux Corinthiens.

"Ainsi donc, il ne vous manque aucun don dans l'attente où vous êtes de la révélation de notre Seigneur Jésus-Christ. Il vous affermira aussi jusqu'à la fin pour que vous soyez irréprochables au jour de notre Seigneur Jésus-Christ." 1 Corinthiens 1:7-8

L'Eglise de Corinthe attendait avec impatience la révélation du Seigneur Jésus et Paul promettait que Jésus les fortifierait jusqu'à ce jour. Aucun doute dans mon esprit qu'ils attendaient avec impatience ce jour.

Puis dans 1 Corinthiens 11, dans l'ordonnance du repas du Seigneur, regardons simplement un verset: "Car toutes les fois que vous mangez ce pain et que vous buvez cette coupe, vous annoncez la mort du Seigneur, jusqu'à ce qu'il vienne." (1 Corinthiens 11:26)

Selon cette ordonnance, que Paul dit lui être parvenue par une révélation directe du Seigneur Jésus-Christ, chaque fois que nous prenons le repas du Seigneur, la Cène, nous attendons son retour. J'ai lu une fois un beau commentaire sur ce verset. Il disait que quand nous prenons la communion, tout ce qui était d'importance secondaire tombait. Il n'y a pas de passé en dehors de celui de la croix, pas d'avenir en dehors de son retour. Nous témoignons de la mort du Seigneur jusqu'à ce qu'il vienne. Je crois que c'est une bonne perspective. L'un des bienfaits de la communion devrait être de toujours restaurer cette perspective de la venue du Seigneur.

Nous regarderons ensuite un certain nombre de versets de la lettre de Paul aux Thessaloniciens.

"… qu'il (Dieu) affermisse vos cœurs pour qu'ils soient sans reproche dans la sainteté devant Dieu notre Père, à l'avènement de notre Seigneur Jésus avec tous ses saints!" 1 Thessaloniciens 3:13

Ces chrétiens de Thessalonique espéraient et se préparaient pour être sans tache et saints pour le retour du Seigneur. Nous lisons plus loin dans la même épître:

"Voici, en effet, ce que nous vous déclarons, d'après une parole du Seigneur: nous les vivants, restés pour l'avènement du Seigneur, nous ne devancerons pas ceux qui se sont endormis." 1 Thessaloniciens 4:15

Encore une fois le retour du Seigneur est le grand événement qu'ils anticipent. Puis un peu plus loin dans la même épître, nous trouvons ces paroles:

"Que le Dieu de paix vous sanctifie lui-même tout entiers; que tout votre être, l'esprit, l'âme et le corps soit conservé sans reproche à l'avènement de notre Seigneur Jésus-Christ." 1 Thessaloniciens 5:23

Il semble qu'il y ait un lien direct entre le besoin de sainteté personnelle et l'anticipation du retour du Seigneur.

Regardons maintenant quelques passages dans les lettres de Paul à Timothée.

"Je te recommande devant Dieu qui donne la vie à tous les êtres et devant le Christ Jésus qui a rendu témoignage par sa belle confession devant Ponce Pilate: garde le commandement sans tache, sans reproche, jusqu'à l'apparition de notre Seigneur Jésus-Christ." 1 Timothée 6:13-14

Encore une fois la fin, l'objectif visé, le défi d'être fidèle, c'est le retour du Seigneur Jésus-Christ. Puis nous trouvons un défi presque semblable et très solennel pour nous qui prêchons:

"Je t'adjure, devant Dieu et devant Jésus-Christ qui doit juger les vivants et les morts, et au nom de son avènement et de son royaume, prêche la parole." 2 Timothée 4:1-2

Dans la même épître, un peu plus loin dans le même chapitre, Paul écrit:

"Désormais la couronne de justice m'est réservée; le Seigneur, le juste juge, me la donnera en ce jour-là, et non seulement à moi, mais à tous ceux qui auront aimé son apparition." 2 Timothée 4:8

La qualification nécessaire pour recevoir la couronne de justice semble être le fait d'avoir attendu son apparition.

Paul écrit à Tite:

"La grâce de Dieu, source de salut pour tous les hommes, a été manifestée. Elle nous enseigne à renoncer à l'impiété, aux désirs de ce monde, et à vivre dans le siècle présent d'une manière sensée, juste et pieuse en attendant la bienheureuse espérance et la manifestation de la gloire de notre grand Dieu et Sauveur, Jésus-Christ." Tite 2:11-13

Une fois encore nous voyons un lien entre la sainteté et le fait d'attendre la venue du Seigneur. Nous devons en tirer la conclusion que la 'glorieuse apparition' de Jésus-Christ était leur première motivation pour mener une vie pieuse.

Regardons ensuite ce que Jacques dit dans son épître.

"Prenez donc patience, frères, jusqu'à l'avènement du Seigneur. Voici que le laboureur attend le précieux fruit de la terre, plein de patience à son égard jusqu'à ce qu'il ait reçu les pluies de la première et de l'arrière saison. Vous aussi, prenez patience, affermissez vos cœurs, car l'avènement du Seigneur est proche." Jacques 5:7-8

La venue du Seigneur semble aussi être une motivation à tenir bon et à persévérer. L'apôtre Pierre parle de nous en tant que chrétiens:

"... à vous qui êtes gardés en la puissance de Dieu, par la foi, pour le salut prêt à être révélé dans les derniers temps. Vous en tressaillez d'allégresse, quoique vous soyez maintenant, pour un peu de temps puisqu'il le faut, affligés par diverses épreuves, afin que votre foi éprouvée -bien plus précieuse que l'or périssable, cependant éprouvé par le feu- se trouve être un sujet de louange, de gloire et d'honneur, lors de la révélation de Jésus-Christ…C'est pourquoi affermissez votre pensée, soyez sobres et ayez une parfaite espérance en la grâce qui vous sera apportée, lors de la révélation de Jésus-Christ." 1 Pierre 1:5-7, 13

Encore une fois j'ai l'impression que la venue de Christ était la première motivation pour mener une vie sainte.

Enfin, nous regarderons la première épître de Jean. "Et maintenant, petits enfants, demeurez en lui, afin qu'au moment où il sera manifesté, nous ayons de l'assurance, et qu'à son avènement, nous n'ayons pas honte devant lui." 1 Jean 2:28

En tant que linguiste, je dois dire que quelle que soit ma vision eschatologique, une chose est claire. C'est un fait attesté par tous les écrivains majeurs des épîtres du Nouveau Testament. Le voici: les chrétiens du Nouveau Testament anticipaient la venue du Seigneur. Cela les encourageait à lutter pour être sans tache et saints. C'était la qualification principale pour recevoir la couronne de justice. Cela les aidait à tout supporter. C'était leur raison de vivre dans la sainteté. Ils vivaient les yeux fixés sur cet événement.

Le Seigneur m'a donné un jour l'interprétation d'un message qui avait été donné lors d'une réunion publique. Voici l'une des choses qu'il m'a dite: *L'esprit naturel de l'homme n'a pas de moyen de calculer à quel poins le retour du Seigneur est proche.* En ce qui me concerne, c'est absolument vrai. Je ne crois pas que quelqu'un ait un moyen de le calculer. Mais je crois que nous devrions tous avoir la même attente que l'Eglise du Nouveau Testament.

Parfois, nos théories vont dans le sens des faits. Peut-être n'avez-vous jamais vécu le fait d'avoir une douleur qu'aucun médecin n'arrive à diagnostiquer. Quand j'étais dans l'Armée britannique, j'ai eu une vive douleur dans les côtes durant six semaines. Comme j'étais avec mon unité d'infanterie à cette époque et que la vie était plutôt mouvementée, les tâches que je devais accomplir me faisaient énormément souffrir. Quand je suis allé voir le médecin pour lui parler de mes douleurs, il m'a ausculté mais sans rien trouver. Puis il m'a fait passer tous les tests possibles à cette époque pour en arriver à la conclusion que je n'avais aucune raison d'avoir mal. Cela voulait dire: "vous ne souffrez pas vraiment!" Mais moi je savais bien que j'avais mal, qu'ils sachent en faire le diagnostic ou pas.

En utilisant cela comme un exemple, nous pouvons réaffirmer cela: Que notre eschatologie le permette ou pas, le fait est que l'Eglise du Nouveau Testament vivait dans l'attente du retour du Seigneur. Que cela me convienne ou pas, c'est un fait.

Un nouveau mode de vie

Si c'était là le point de vue de l'Eglise du Nouveau Testament, ne devrions-nous pas nous aussi nous focaliser sur cela aussi en premier lieu? C'est un mode de vie que j'ai vu en partie et que j'ai parfois goûté. Je ne peux pas dire qu'il soit complètement possible de vivre ainsi aujourd'hui mais je crois que c'est ce vers quoi nous devons tendre.

Il y a deux aspects à ce mode de vie; tous deux font partie de l'appel que Dieu a placé sur votre vie. Premièrement, la principale motivation de votre mode de vie et de votre appel doit être d'apporter l'Evangile jusqu'au bout de la terre. Je crois que je peux dire honnêtement que je ne serai jamais satisfait tant que cela ne sera pas accompli. La part que Dieu me donne dans cela est secondaire mais c'est la seule motivation légitime. Deuxièmement, la principale attente de votre mode de vie et de votre appel doit être le retour de Christ.

Pourriez-vous être ce genre de personne? Une personne qui vit avec cette motivation principale -atteindre les confins de la terre avec l'Evangile. Une personne qui a une attente -la venue du Seigneur. Le mode de vie de ces personnes est caractéristique. Ce sont des gens différents. Je les ai côtoyés et en fait parfois j'ai été à ce niveau. Une fois que vous y avez goûté, vous ne vous satisferez pas de moins.

Ce mode de vie n'a aucun sens selon les critères du monde ou de la religion. En étudiant le contexte et l'histoire de l'émergence de l'Etat d'Israël j'ai été puissamment défié. J'ai senti que je devais étudier cela plus en détail à cause de mon appel. David Ben Gourion a été l'un des premiers sionistes et le premier Premier ministre d'Israël à un moment où le sionisme était considéré comme un engouement stupide que peu de gens entretenaient. Le sionisme était ridiculisé et rejeté même par la majorité du peuple juif. Le monde l'écartait le jugeant à la fois impossible et ridicule. Ben Gourion lui-même disait: "Pour être sioniste, il faut être fou."

C'est le genre de vie dont je parle. Pour la vivre, il faut être fou. Quand je regarde en arrière, à l'Etat d'Israël je vois que leur folie a payé. Vous n'avez pas idée de cela si vous n'étudiez pas la littérature de cette époque entre la Première et la Seconde Guerre mondiale. Combien 'd'experts' ont écarté avec mépris toute possibilité d'émergence d'un Etat d'Israël? Dans l'édition de 1911 de l'Encyclopédie Britannica qui est un des ouvrages majeurs de notre civilisation, un certain professeur allemand parlait de la possibilité de retrouver la prononciation correcte de l'hébreu ancien. Il déclare: "Cette possibilité est aussi infime que le rétablissement d'un empire juif au Moyen-Orient." Ce fut publié en 1911 par des experts. Trente-sept ans plus tard, les experts avaient l'air stupides.

Si nous vivons comme je l'ai décrit plus haut, nous allons devenir les cibles des experts -religieux et mondiaux. Quand je considère les tâches effectuées par les sionistes à cette époque, c'est étonnant si l'on considère que les Anglais étaient la puissance mandataire qui gouvernait la Palestine qui est maintenant Israël. C'était sans aucun doute l'empire le plus grand et le plus puissant du monde et l'un des plus puissants de l'histoire humaine. Un petit groupe de sionistes de rien du tout issus de différents milieux ont défié l'Empire britannique. Et ils ont gagné! Pour moi, c'est une belle parole d'encouragement quelle que soit la façon dont on considère Israël. Ce que je dis, c'est: soyons un peu fous.

Je crois que je peux dire cela avec assurance, en espérant que vous savez que j'ai les pieds sur terre. Je ne suis pas un fanatique bizarre. Je ne suis pas émotif. J'ai plutôt une personnalité équilibrée. Et comme certains de mes amis proches ont été assez aimables pour le dire, j'ai du fruit pour le prouver. Mais je ne suis pas satisfait de moi-même. Je vais vous le dire autrement. Je crains parfois d'être trop respectable. (Certains qui me connaissent diront qu'il n'y a pas de danger!) Je veux vivre de façon radicale. Je veux sortir et défier Goliath. Même si je n'ai que cinq pierres dans mon lance-pierre, je suis prêt à me battre contre lui. Et savez-vous ce que je crois? Je crois que nous allons gagner. En fait, j'ai regardé la fin du Livre et nous *allons* gagner.

13

Un royaume de sacrificateurs

"C'est pourquoi, frères saints qui participez à la vocation céleste, considérez l'apôtre et le souverain sacrificateur de notre confession de foi, Jésus. Il a été fidèle à celui qui l'avait établi."
Hébreux 3:1-2

Quel est le résultat concret de notre identification à Jésus dans notre vie quotidienne en tant que croyants et disciples? En quoi cela affecte-t-il la façon dont nous vivons? Quel genre de personnes devrions-nous être?

Je considère ce passage est non seulement l'un des plus excitants du Nouveau Testament mais aussi comme l'un des plus grands défis. Cette affirmation se trouve dans l'Evangile de Jean. Elle détaille la première apparition de Jésus à ses disciples après sa résurrection, collectivement dans un groupe, qui a eu lieu le soir du dimanche de la résurrection. Les disciples étaient enfermés dans une chambre par peur des Juifs et soudain Jésus se trouve juste au milieu d'eux. Voici ce qui se passa:

"Le soir de ce jour, qui était le premier de la semaine, les portes du lieu où se trouvaient les disciples étaient fermées, par la crainte qu'ils avaient des juifs; Jésus vint, et debout au milieu d'eux, il leur dit: que la paix soit avec vous! Quand il eut dit cela, il leur montra ses mains et son côté (*pour leur montrer que c'était bien la même personne qu'ils avaient vue pendue à la croix*) les disciples se réjouirent en voyant le Seigneur. Jésus leur dit de nouveau:que la paix soit avec vous! Comme le Père m'a envoyé, moi aussi je vous envoie. Après ces paroles, il souffla sur eux et leur dit: Recevez le Saint-Esprit." Jean 20:19-22

Sans aucun doute, le cœur des disciples battait tellement que je suis sûr qu'ils ont eu besoin que ce message de paix soit répété (c'est d'ailleurs encore une façon typique de se saluer au Moyen-Orient). Ils étaient apeurés et dans la crainte. Ils pouvaient à peine croire ce qui leur arrivait. J'aimerais souligner les paroles que Jésus a prononcées ensuite: "Comme le Père m'a envoyé, moi aussi je vous envoie." Ainsi, à travers ce souffle du Christ ressuscité, le Saint-Esprit est entré dans chacun de ces disciples d'une façon totalement nouvelle. A travers le Saint-Esprit, la vie même et la nature de Jésus leur a été communiquée. Sur la base de la communication de sa vie et de sa nature, Jésus a pu dire ces paroles étonnantes - qu'il les envoyait.

Le Père a envoyé Jésus dans le monde pour accomplir une tâche unique que personne d'autre ne pouvait accomplir. Jésus a accompli cette tâche et était sur le point de retourner au Père. Cependant, il n'est pas parti sans représentant sur la terre. Il a dit à ses disciples: "Tout comme le Père m'a d'abord envoyé pour accomplir une tâche spéciale, maintenant à votre tour je vous envoie, vous, mes disciples pour accomplir une tâche spéciale. Je vais retourner au Père mais je vais vous laisser sur terre pour être mes représentants."

Que signifie l'expression: "comme le Père m'a envoyé?"Regardons un autre passage de Jean pour trouver des réponses à cette question. Dans Jean 14, Philippe parle à Jésus:

"Philippe lui dit: Seigneur, montre-nous le Père, et cela nous suffit. Jésus lui dit: il y a si longtemps que je suis avec vous, et tu ne m'as pas connu, Philippe! Celui qui m'a vu a vu le Père. Comment dis-tu: montre-nous le Père? Ne crois-tu pas que je suis dans le Père et que le Père est en moi? Les paroles que je vous dis ne viennent pas de moi-même; le Père qui demeure en moi, accomplit ses œuvres." Jean 14:8-10

La réponse de Jésus à Philippe montre trois aspects de la relation de Jésus avec le Père. Premièrement, Jésus ne disait pas ses propres paroles. Il disait les paroles qui lui avaient été confiées par le Père qui l'avait envoyé. Deuxièmement, Jésus n'a rien fait dans son ministère de miracles par sa propre puissance ni par ses capacités. Il a dit: "En vérité, ce n'est pas moi qui le fais. C'est le Père qui accomplit ses œuvres à travers moi." Troisièmement, -et c'est encore plus étonnant- voir Jésus, c'était voir le Père. Il dit: "vous n'avez pas besoin de voir le Père. Vous m'avez vu. Et si vous m'avez vu, vous avez vu le Père."

Laissez-moi résumer. Premièrement, Jésus a dit des paroles qui venaient du Père. Deuxièmement, le Père a accompli ses œuvres à travers Jésus. Troisièmement, voir Jésus c'était voir le Père.

Voici l'application. Jésus a dit: "comme le Père m'a envoyé moi aussi je vous envoie." Autrement dit, "la relation qui existe entre le Père et moi sera la même que celle qui existe entre moi et vous, mes disciples."

Qu'est-ce que cela signifie? Cela veut dire que ce qui était vrai de la relation de Jésus avec son père devrait être vrai de notre relation avec Jésus. Premièrement, nous ne disons pas nos propres paroles; nous disons des paroles qui viennent de Jésus. Deuxièmement, nous ne faisons pas nos propres œuvres. C'est Jésus en nous qui accomplit ses œuvres comme le Père a accompli ses œuvres en Jésus. Troisièmement, nous voir, c'est voir Jésus. N'est-ce pas un défi et une responsabilité?

Nous sommes les représentants officiels de Christ sur terre, chacun avec une tâche particulière à accomplir. Cette même vérité est merveilleusement présentée par Paul dans 2 Corinthiens:

"Si quelqu'un est en Christ, il est une nouvelle créature. Les choses anciennes sont passées; voici: toutes choses sont devenues nouvelles. Et tout cela vient de Dieu qui nous a réconciliés avec lui par Christ, et qui nous a donné le service de la réconciliation. Car Dieu était en Christ, réconciliant le monde avec lui-même, sans tenir compte aux hommes de leurs fautes, et il a mis en nous la parole de la réconciliation. Nous sommes donc des ambassadeurs pour Christ, comme si Dieu exhortait par nous; nous vous en supplions au nom de Christ: soyez réconciliés avec Dieu!" 2 Corinthiens 5:17-21

Ce processus démarre par une nouvelle création. C'est le passage obligé de la mort à une nouvelle vie. Puis, dans cette nouvelle création nous devenons les représentants officiels de Dieu et de Christ sur la terre. Tout comme Dieu était en Christ réconciliant le monde avec lui-même, ainsi maintenant Christ en nous réconcilie le monde avec Dieu. Nous sommes les ambassadeurs de Christ. Paul parle comme si Dieu lançait son appel à travers nous pour être réconciliés avec lui. Cette identification entière est la seule base pour la réconciliation. Les derniers versets disent: "Celui qui n'a pas connu le péché, il l'a fait devenir péché pour nous, afin que nous devenions en lui justice de Dieu." (verset 21)

Remarquez deux points essentiels: premièrement, nous ne pouvons pas devenir les représentants de Christ tant que nous n'avons pas nous-mêmes été transformés. Nous devons entrer dans la nouvelle création. Nous devons avoir été créés de nouveau. L'ancienne création n'a aucun message.

Deuxièmement, permettez-moi de souligner encore une fois que notre message est basé sur cet échange divin qui a eu lieu à la croix. Là, au Calvaire, Dieu a fait Jésus, qui n'avait pas de péché, péché pour nous afin que nous devenions justice de Dieu en lui. Pensez à vous comme un réconciliateur réconcilié. Premièrement, vous devez être réconcilié avec Dieu à travers Christ. Vous deviendrez ensuite l'agent et le messager de Dieu pour la réconciliation à travers Christ pour le reste de ce monde.

Rois et sacrificateurs

Allons un peu plus loin dans le processus. Nous sommes identifiés non seulement à la vie de résurrection et au ministère de Jésus mais, aussi à sa vie d'ascension et à son ministère dans le ciel. Quand Jésus est monté au ciel et a pris sa place sur le trône avec le Père, il est entré dans ses deux ministères suprêmes, finaux et uniques. Il est devenu roi et sacrificateur. En cela aussi nous sommes invités à nous identifier à Jésus.

On trouve très bien cette vérité dans un nombre de passages de l'Apocalypse:

"A celui qui nous aime, qui nous a délivrés de nos péchés par son sang et qui a fait de nous un royaume, des sacrificateurs pour Dieu son Père, à lui soient la gloire et la puissance aux siècles des siècles! Amen!" Apocalypse 1:5-6

Remarquez que Jésus nous a libérés de notre péché par son sang, c'est par cet acte qu'il a fait de nous un royaume et des sacrificateurs (ou des rois et des sacrificateurs ou un royaume de sacrificateurs) pour Dieu le Père.

La même vérité est exprimée encore en Apocalypse 5:

"Et ils chantaient un cantique nouveau, en disant: tu (Jésus) es digne de recevoir le livre et d'en ouvrir les sceaux, car tu as été immolé et tu as racheté pour Dieu, par ton sang, des hommes de toute tribu, de toute langue, de tout peuple et de toute nation; tu as fait d'eux un royaume et des sacrificateurs pour notre Dieu, et ils règneront sur la terre." Apocalypse 5:9-10

Remarquez que quand nous avons été rachetés par le sang de Jésus, c'est à travers ce rachat que nous sommes devenus un royaume de sacrificateurs pour Dieu.

En écrivant à des croyants dans sa première épître, Pierre affirme cela aussi: "Vous par contre, vous êtes une race élue, un sacerdoce royal, (ou une prêtrise royale)." (1 Pierre 2:9) Quelles sont les responsabilités particulières des rois et des sacrificateurs? Elle est assez claire en ce qui concerne le roi: sa tâche consiste à régner. Beaucoup de gens ne voient pas aussi clairement la tâche du sacrificateur mais dans l'Ecriture, elle est claire. La responsabilité des sacrificateurs, c'est d'offrir des sacrifices. Dans l'ordre de Dieu, seuls les sacrificateurs pouvaient offrir des sacrifices à Dieu. Nous avons donc été faits rois pour diriger et sacrificateurs pour offrir des sacrifices.

Je vous donne un autre passage qui se trouve dans 1 Pierre concernant l'offrande de sacrifices que nous devons faire en tant que sacrificateurs. "Et vous-mêmes comme des pierres vivantes, édifiez-vous pour former une maison spirituelle, un saint sacerdoce, en vue d'offrir des victimes spirituelles, agréables à Dieu par Jésus-Christ." (1 Pierre 2:5)

Au moment, où nous sommes appelés sacrificateurs saints, il est logique que nous devions offrir des sacrifices à Dieu. Pierre dit que ce sont des "sacrifices spirituels." Autrement dit, ils ne ressemblent pas aux sacrifices de la loi mosaïque. Ce ne sont pas des animaux. Nous suivons en particulier l'exemple de Jésus qui offre à Dieu au ciel le sacrifice spirituel de son intercession et de sa prière pour nous. L'écriture nous dit clairement: "C'est pour cela aussi qu'il peut sauver parfaitement ceux qui s'approchent de Dieu par lui, étant toujours vivant pour intercéder en leur faveur." (Hébreux 7:25)

Le ministère terrestre de Jésus n'a duré que trois ans et demi mais son ministère en tant que roi et sacrificateur dure déjà depuis presque deux mille ans. Et ce ministère de Jésus va continuer tout au long de l'éternité. Nous sommes non seulement invités à partager le ministère terrestre de Jésus mais à travers notre identification à lui, à entrer dans son ministère céleste et éternel en tant que rois et sacrificateurs. Spirituellement, notre identification à Jésus a déjà fait de nous des citoyens de la Sion céleste. Ce n'est pas quelque chose qui doit avoir lieu, mais qui a déjà pris place à travers notre identification à Jésus.

Où que vous soyez aujourd'hui -dans votre cuisine, dans votre fauteuil préféré, dans votre salon, à votre bureau- c'est votre localisation terrestre. C'est-à-dire la localisation de votre corps. Peut-être que vous ne le réalisez pas mais votre esprit à une autre localisation. Votre esprit est avec Jésus. Votre esprit est sur le trône avec lui. Vous être déjà sur le Mont Sion, le Sion céleste.

Cela est si bien décrit dans Hébreux 12. Remarquez les temps en examinant ce passage significatif:

"Mais au contraire vous vous êtes approchés de la montagne de Sion et de la cité du Dieu vivant, de la Jérusalem céleste et des myriades d'anges; de la réunion et de l'assemblée des premiers-nés inscrits dans les cieux; de Dieu, juge de tous; des esprits des justes parvenus à la perfection; de Jésus, médiateur d'une nouvelle alliance; et du sang de l'aspersion qui parle mieux que celui d'Abel." Hébreux 12:22-24

Cela s'adresse à des croyants sur terre et il n'est pas dit: "*vous allez* vous approcher" il est dit: *vous vous êtes* approchés de la montagne de Sion." Ce passage décrit notre localisation spirituelle. Non seulement il y a une grande assemblée d'anges, mais la véritable Eglise est là en esprit -l'Eglise des premiers-nés, (tous ceux qui sont nés de nouveau de la mort à la nouvelle création à travers la foi en Jésus-Christ.) Nous sommes déjà là dans cette glorieuse assemblée. De ce Sion céleste, à travers notre identification à Jésus, nous régnons de la part de Dieu par nos prières. Nous sommes un royaume de sacrificateurs. Nous régnons par la prière. Cela est dit dans le Psaume 110:

"Oracle de l'Eternel à mon Seigneur: Assieds-toi à ma droite, jusqu'à ce que je fasse de tes ennemis ton marchepied. L'Eternel étendra de Sion le sceptre de ta puissance: domine au milieu de tes ennemis." Psaume 110:1-2

Jésus règne déjà même si ses ennemis sont toujours présents. Le sceptre d'autorité est placé entre les mains du peuple de Dieu quand il prend sa place dans Sion. Et de Sion le sceptre d'autorité atteint les nations de la terre. Nous sommes ainsi identifiés à Jésus, dés à présent dans ses deux grands ministères finaux en tant que roi et sacrificateur. Et c'est l'apogée étonnante de tous les aspects de notre appel en Jésus-Christ.

Voulez-vous vous engager?

Nous avons commencé ce livre *Appelés à conquérir* avec les principes de base sur la façon dont Jésus-Christ appelle chacun d'entre nous à le servir, lui et ses desseins. Nous avons étudié les attributs d'un authentique appel en Dieu et ce que cela veut dire pour nos vies. Dans ce dernier chapitre, nous avons récapitulé tout ce que nous avons appris: l'apogée et le but ultime de notre appel, c'est de nous identifier à Jésus-Christ dans son ministère de Roi et de Sacrificateur. Nous allons régner avec lui et nous allons intercéder avec lui. En vérité, nous sommes appelés à conquérir à travers le service victorieux pour Jésus-Christ jusqu'à ce qu'il revienne.

Nous avons maintenant atteint le point de l'engagement. Etes-vous prêts à vous engager pleinement envers Jésus-Christ dans l'appel qu'il a pour vous?

Il y a quelques années, j'ai fait une promesse au Seigneur. Je lui ai dit: "Seigneur, avec ton aide, je vais arrêter de donner des enseignements religieux. Quand je prêcherai ou j'écrirai sur un sujet, je donnerai toujours une possibilité aux gens d'expérimenter ce que j'ai prêché ou écrit si c'est du concret." Maintenant, alors que j'écris ce dernier chapitre, je vais vous donner cette opportunité.

Voici la question clé: quelle place a Jésus-Christ dans votre vie? L'Eglise a un Seigneur. C'est Jésus. L'Eglise a un chef. C'est Jésus. Pour moi, j'appartiens au Seigneur Jésus-Christ - esprit, corps et âme- pour ce temps et pour l'éternité. Il m'a racheté par son sang quand il est mort sur la croix et je me suis donné à lui.

Pouvez-vous dire la même chose? Si vous ne le pouvez pas, voulez-vous prendre cette décision aujourd'hui? Votre appel en Dieu est devant vous. Voulez-vous y entrer?

C'est maintenant le temps

Je crois que nous devrions terminer ce livre en vous donnant l'opportunité de consacrer entièrement votre vie au Seigneur Jésus-Christ. Cela ne veut pas dire que vous n'allez plus pécher ni que vous n'aurez plus de problèmes, ni que vous n'allez plus connaître l'échec. Cela signifie simplement que vous prenez un engagement sincère envers Jésus-Christ, le Seigneur de la moisson, pour être un ouvrier dans sa moisson. Vous n'avez pas besoin de démissionner de votre travail demain ni de vendre vos meubles, ni d'abandonner votre maison. Quand vous vous engagez envers Jésus-Christ c'est lui qui vous dictera la prochaine action. Mais quand vous vous engagez dans votre appel, la vie devient riche, elle devient pleine. C'est excitant et fascinant.

Vous arrivez peut-être à la fin de ce livre un peu perplexe, confus et hésitant. Vous n'avez peut-être pas en vous cette paix profonde, ni cette stabilité dans votre vie chrétienne. La raison pour cela peut bien être votre manque d'engagement.

Etes-vous prêt à vous engager définitivement pour Jésus-Christ -à le suivre pour le reste de votre vie et pour toute l'éternité? Etes vous prêt à mettre votre vie à sa disposition afin qu'il l'utilise pour sa gloire de la façon dont il le veut? Si c'est là votre désir, dites simplement à Jésus maintenant: "Seigneur, je veux me donner totalement à toi."

Une prière d'engagement

Si vous avez dit ces paroles à Jésus, vous être prêt à faire la prière suivante. Prenez d'abord un moment tranquille dans la présence de Dieu. Quand vous avez fini de prier lâchez tout et remettez-vous au Seigneur. Adorez-le, louez-le et remerciez-le.

Faites cette prière maintenant:

Père, dans le nom de Jésus je viens à toi. Je t'aime Seigneur et je te remercie pour l'opportunité de consacrer entièrement ma vie à Jésus-Christ.

Seigneur, je me tiens dans mon autorité en tant que croyant en Jésus-Christ et je me délie de tout lien, de toute entrave, de tout ce qui me retient maintenant de m'engager pleinement envers Jésus. Je me déclare libéré dans le nom de Jésus et je me remets entre tes mains, Seigneur. Je me mets à ta disposition. Tu es la tête de toutes choses dans l'Eglise, qui est ton corps et je fais partie de ce corps.

Seigneur, à partir de maintenant, je me place sous ton contrôle. Je crois que tu vas me bénir et me fortifier et m'utiliser car je m'engage envers toi et je réponds à ton appel pour ma vie.

Seigneur, je te prie pour la moisson. Tu nous as dit de te demander à toi, le Maître de la moisson, d'envoyer des ouvriers dans ta moisson. Seigneur, je me présente à toi comme l'un de ces ouvriers. Selon ta volonté pour moi, comme tu le sens dans ma situation et mes dons, s'il te plait, envoie-moi dans le champ pour être un ouvrier pour toi, Seigneur.

Je réponds de tout mon cœur à ton appel pour ma vie et je m'engage maintenant entièrement pour cet appel et pour toi. Dans le nom de Jésus, amen.

Si vous avez simplement fait cette prière, vous pouvez vous réjouir pleinement en sachant que le Seigneur vous a entendu, a accepté votre promesse et vous engage à son service.

Que le Seigneur vous bénisse et vous remplisse tandis que vous le servez à partir de maintenant sachant de tout votre cœur que vous êtes appelé à conquérir. Votre vie ne sera plus jamais la même.

www.ingramcontent.com/pod-product-compliance
Lightning Source LLC
Chambersburg PA
CBHW060253050426
42448CB00009B/1628